KB117491

삶의 변화를 돕는 귀납적 큐티

삶의 변화를 돕는 귀납적 큐티

지은이 김명호, 고상섭, 박희원
펴낸이 임상진
펴낸곳 (주)넥서스

초판 1쇄 발행 2020년 1월 15일
초판 9쇄 발행 2024년 4월 15일

출판신고 1992년 4월 3일 제311-2002-2호
주소 10880 경기도 파주시 지목로 5
전화 (02)330-5500 팩스 (02)330-5555

ISBN 979-11-6165-838-4 03230

저자와 출판사의 허락 없이 내용의 일부를
인용하거나 발췌하는 것을 금합니다.

가격은 뒤표지에 있습니다.
잘못 만들어진 책은 구입처에서 바꾸어 드립니다.

www.nexusbook.com

삶의 변화를 돕는

귀납적 큐티

김명호·고상섭·박희원 지음

넥서스CROSS

내가 성경을 경험한 지난 70년의 세월은
주로 내 쪽에서 붙들려는 싸움이 아니라
오히려 내가 아름다움, 즉 영광에 붙들려 살아온 축복이었다.
한평생 내가 이 창 앞에 서 있었던 것은
창문이 깨지지 않도록 보호하기 위해서나
산장의 주인이 그러라고 시켜서가 아니라
창 저편에 펼쳐진 알프스의 영광 때문이었다.
나는 성경에 계시된 하나님의 영광에 사로잡힌 포로다.

- 존 파이퍼 -

오늘날 한국 교회 많은 성도에게 '큐티'(Q.T., 경건의 시간)라는 용어는 낯설지 않다. 큐티에 관한 책들이 많이 나왔고, 다양한 스타일의 큐티가 소개되어 호응을 얻었으며, 큐티를 목회의 근간으로 삼는 교회도 심심찮게 만나볼 수 있기 때문이다.

큐티는 현대를 살아가는 바쁜 그리스도인들에게 하나님의 말씀을 읽고 묵상할 수 있는 시간과 방법을 알려주었다. 하지만 정작 대부분의 성도는 큐티를 두려워한다. 왜냐하면 큐티를 어떻게 하는 것인지에 대한 방법론이 잘 정리되어 있지 못해서다.

큐티를 그저 성경을 읽는 정도로만 이해하거나, 큐티 교재에 실린 은혜로운 예화를 읽는 정도로만 생각하기도 한다. 또 성경을 어떻게 읽어야 하는지에 대해 제대로 훈련받지 못한 성도가 나름대로 자의적 해석을 잔뜩 풀어놓고는, 그것으로 자신의 지적·영적 탁월성을 자랑하는 도구로 사용하는 경우도 없지 않다. 그러다 보니 큐티를 교회의 근간으로 삼는 교회들이 있는가 하면, 또 자의적 해석의 위험성 때문에 큐티를 금하는 교회들도 있다.

그뿐만 아니라 성도들의 지적·영적 수준은 천차만별인데 각 사람의 수준에 대한 고려 없이 똑같은 방식의 큐티 교육과 훈련이 이뤄지다 보니, 큐티가 너무 어렵다는 성도와 큐티는 너무 수준이 떨어진다고 말하는 성도가 한 교회에 공존하는 결과도 나타나곤 한다. 이런 모든 상황은 성도들에게 큐티를 가르치고자 하는 목회자나 큐티를 배우고자 하는 성도들의 의욕을 꺾는 요인으로 작용한다.

성도들을 그저 예배 시간에 참석한 청중이나 종교 소비자의 자리에 머물게 하지 않고, 훈련해 세상으로 파송하고 하나님 나라를 세상 가운데 세워나가겠다는 비전을 가진 교회라면 가장 기본적으로 가르치고 훈련해야 할 것이 바로 큐티, 곧 성경 묵상이다. 그런데도 한국 교회에 큐티를 둘러싼 이러한 현상이 일어나고 있는 것은, 큐티에 대한 신학적이고 체계적인 정리가 제대로 안 되어 있기 때문이다. 큐티가 성도들의 영적 성장에 끼치는 영향력이 분명하지만, 문맥과 상관없이 이루어지는 자의적 해석에 대한 뚜렷한 대안이 제시되지 못했기 때문이다.

이런 고민을 해결하기 위해 선구자적 역할을 한 분이 바로 고(故) 옥한흠 목사다. 그는 이러한 큐티의 딜레마를 해결하기 위해 수준별로 A형, B형, C형, D형으로 정리하였다. 그러면서 'D형 큐티'까지 큐티의 수준을 끌어올릴 수 있도록 훈련해야 한다고 가르쳤다.

A형 큐티는 기초 단계의 큐티이고, B형 큐티는 초급 단계이며, C형 큐티는 중급, D형 큐티는 고급 단계의 큐티를 말한다. D형 큐티는 귀납적 큐티라고도 하며, '연구와 묵상'을 통해 성경을 해석하는 과정을 거치게 함으로 자의적 해석이라는 잘못된 틀에서 벗어나 성경이 진정 무엇을 말씀하고 있는지를 바르게 파악하도록 돕는다.

문제는 D형 큐티의 수준까지 성장하기가 쉽지 않다는 것이다. 평소에 귀납법적 접근에 익숙하지 않던 성도들이 성경 본문을 제대로 관찰하고 해석하기에는 어려움이 많다. 실제로 제자훈련을 받는 훈련생들이 제일 힘들다고 토로하는 것이 이 D형 큐티다. 그래서 좀 더 쉽게 D형 큐티를 배울 수 있는 방법을 찾다가, 개인별 수준에 따라 단계적으로 큐티를 배우고 익힐 수 있는《삶의 변화를 돕는 귀납적 큐티》교재를 제작하게 되었다.

《삶의 변화를 돕는 귀납적 큐티》는 기초 단계인 A형 큐티로부터 시작하여 B형, C형, D형 큐티까지 단계별로 훈련할 수 있도록 하였다. 수준이 다양한 성도들에게 맞춤형으로 큐티를 훈련할 수 있도록 만든 것이다. 물론 A, B, C형 큐티가 가지고 있는 단점들이 있다. 가장 대표적인 문제가 앞서 지적한 '자의적 해석'이라고 할 수 있는데, 그런데도 이러한 과정을 순차적으로 거쳐야만 최고급 단계의 D형 큐티로 나아갈 수 있다.

수영을 배울 때 코에 물이 들어가는 것을 두려워하여 물속에 들어가지 않는다면, 영원히 수영을 배울 수 없다. 큐티도 마찬가지이다. 어설프고 뭔가 부족한 것 같지만, 부족한 큐티를 통해 하나님을 만나는 시간이 늘어가고 받은 은혜와 깨달음을 함께 나누다 보면 결국 균형 잡힌 큐티의 세계로 나아갈 수 있게 된다.

마지막으로, 큐티를 배우는 과정에서 꼭 필요한 것이 하나 있다. 큐티를 함께 나눌 수 있는 '소그룹 공동체'다. 소그룹 안에서 큐티를 통해 얻은 은혜를 나누는 가운데 균형 잡힌 큐티를 배울 수 있다. 안정된 소그룹은 하나님의 말씀 안에서 좌충우돌 부딪치면서 자신의 큐티에 어떤 부분이 잘못된 것인지를 깨닫고 바른 성경 해석을 익힐 수 있도록 돕는다. 처음에는 자의적 해석을 하고, 엉뚱한 적용을 하더라도 괜찮다. 그런 과정을 통해서 자라가기 때문이다.

《삶의 변화를 돕는 귀납적 큐티》가 성도 각자가 말씀을 묵상하고 변화를 받아 세상 가운데 보냄 받은 예수 그리스도의 제자로서 살아갈 수 있도록 하는 데 도움이 되기를 소망한다.

저자 김명호, 고상섭, 박희원 목사

Quiet Time

1부

큐티란
무엇인가?

큐티는 1882년 영국 케임브리지 대학에 다니던 후퍼(Hooper)와 도르톤(Thorton) 등 학생 7명
이 시작한 경건 훈련 운동에서 시작되었다고 알려져 있다. 그들은 자신이 그리스도인이지만 여전
히 세속적인 생각으로 살고 있다고 자각하여, 하루 중 일부를 성경 읽기와 기도로 보냈다고 한다.
그리고 그 시간을 'Quiet Time', 일명 'Q.T.'라고 불렀고 '경건의 시간을 기억하자!'라는 슬로건
을 외치며 신앙생활을 한 것이 유래가 되었다.

큐티에 대하여

- 1882년 영국 케임브리지 대학에서 학생 7명에 의해 시작
- 하루 중 일부를 성경 읽기와 기도로 보내는 경건의 시간
- 한국도 1973년 성서유니온의 〈매일성경〉이 출간됨과 동시에 시작

	내용관찰	연구와 묵상	느낌	결단과 적용
A형 큐티			●	
B형 큐티	●		●	
C형 큐티	●		●	●
D형 큐티	●	●	●	●

큐티란?

큐티(Quiet Time)란 '조용한 시간과 장소에서 하나님의 임재를 느끼며 말씀과 기도로 하나님과 교제하는 시간'을 뜻한다.[1]

큐티는 1882년 영국 케임브리지 대학에 다니던 후퍼(Hooper)와 도르톤 (Thorton) 등 학생 7명이 시작한 경건 훈련 운동에서 시작되었다고 알려져 있다. 그들은 자신이 그리스도인이지만 여전히 세속적인 생각으로 살고 있다고 자각하여, 하루 중 일부를 성경 읽기와 기도로 보냈다고 한다. 그리고 그 시간을 'Quiet Time', 일명 'Q.T.'라고 불렀고 '경건의 시간을 기억하자!'라는 슬로건을 외치며 신앙생활을 한 것이 유래가 되었다.[2]

---

1 두란노 편집부,《QT의 이론과 실제》(두란노, 2000), p7.
2 김원태,《큐티라더 누구나 할 수 있다》(두란노, 2002), p22.

그 후에 많은 그리스도인이 이 방식을 따랐고, 한국 교회도 1973년 성서유니온의 〈매일성경〉이 출간됨과 동시에 시작되어 오늘날까지 바쁜 현대인들이 성경을 묵상하는 방법으로 널리 알려져 있다. 지금은 이 외에도 다양한 큐티 책자들이 보급되고 있다.

1. 큐티의 장단점

큐티는 약 30년간 한국 교회에 성경 묵상의 한 트렌드로 자리 잡으며, 큐티의 장점들을 알리는 다양한 교재들이 등장했다. 하지만 큐티가 가지는 문제점들을 지적하는 이야기도 있었다. 그중의 하나가 바로 '큐티 방법론에 대한 반성'이었다.

초기 한국 교회에서는 큐티를 소개할 때 주로 "본문을 수십 번 읽으면 본문에서 소리가 납니다"라고 말하며, 본문을 3~4번 반복해 세심하게 읽으면 성령께서 마음에 특별히 와닿게 하시는 말씀을 주신다고 가르쳤다. 그러면서 마음에 와닿는 이 세미한 음성을 소중히 여기면서 말씀을 지켜나가야 한다고 하였다.[3] 물론 이러한 가르침은 바쁜 현대인들이 짧은 시간에 하나님의 말씀을 묵상하는 훈련에 도움을 주었지만, 다른 심각한 문제점도 낳았다. 바로 본문의 뜻과는 상반된 자의적인 해석과 적용의 위험성이었다.

고려신학대학원 신약학 길성남 교수는 자신의 저서 《성경이 무엇을 말하느냐》에서 매일 큐티 하는 시간에 성경을 오독하는 경우가 자주 일어난다고 말했다. 그 이유로 '자기 마음을 사로잡는 한두 구절을 묵상하고 그 과정에서 떠오른 생각을 하나님이 주시는 말씀이라고 생각하는 것'이라고 하

---

3 이상규, 〈큐티 특강〉, 강의안 p2.

였다. 이러한 큐티의 방식은 맥락을 무시한 채 자신의 느낌을 좇아 성경을 해석하기 때문에 오독의 가능성이 높다고 설명했다.[4]

《한국 교회 큐티 운동 다시 보기》에서 송인규 교수도 큐티의 문제점을 '성경 본문을 그릇 해석하고 적용하는 수가 비일비재하다'고 말하고, 매우 주관적이고 자의적인 적용이 많다고 지적하였다.[5] 이러한 문제들 때문에 큐티는 늘 논란의 대상이 되었다.

2. 큐티의 단점에 대한 대안

그렇다면, 큐티에 대한 문제점들을 어떻게 해결해야 할까?

한국 교회 안에서는 큐티를 긍정하면서 널리 알리는 사람들도 있었지만, 반면 자의적 해석의 위험성 때문에 큐티를 반대하고 심지어 무시하는 경향도 있었다. 그래서 큐티의 대안으로 제시된 것이 '개인 성경 연구'였다.

시중에 많이 나와 있는 개인 성경 연구의 책들을 보면 관찰-해석-적용의 순서로, 관찰하는 방법과 해석하는 방법 그리고 적용하는 방법 등을 상세히 알려준다. 하지만 개인 성경 연구는 너무 복잡하며, 무엇보다 바쁜 현대인들이 긴 시간을 내서 공부해야 하는 어려움이 있다.

한 예로, 하워드 헨드릭스 교수의 저서 《삶을 변화시키는 성경 연구》(디모데)는 세계적인 베스트셀러가 될 만큼 개인 성경 연구에 있어서는 독보적인 책이다. 하지만 그 책을 보고 성도들이 과연 개인 성경 연구를 배울 수 있는지는 또 다른 문제다. 왜냐하면 1단계 성경 읽는 방법만 해도 무려 11가지가 되고, 관찰을 위한 과정은 큰 주제만 8가지가 되기 때문이다. 그뿐

4   길성남, 《성경이 무엇을 말하느냐》(성서유니온, 2014), p11.
5   송인규, 《한국 교회 큐티 운동 다시 보기》(IVP, 2015), p207.

만 아니라 해석을 위한 과정은 7단계, 적용을 위한 단계도 4단계와 9가지 질문으로 구성되어 있다. 아마 매주 설교를 준비하는 목회자들에게도 이 과정을 다 거치는지 물어보면, "그렇다!"라고 대답할 사람들은 극소수일 것이다.

큐티는 자의적 해석과 적용의 위험성이 있고, 개인 성경 연구는 성도들이 바로 실천하기에 복잡하고 어렵다. 그래서 나는 늘 그 중간 지점의 말씀 묵상이 있으면 좋겠다는 생각을 해왔다. 아마 성경을 성도들에게 가르쳐본 경험이 있거나, 큐티에 대해 고민을 해본 사람이라면 대부분 공감하는 고민일 것이다. 그래서 큐티의 단점을 보완하고, 좀 더 쉽게 개인 성경 연구의 장점을 접목할 방법들을 연구하다가 옥한흠 목사의 저서《제자 훈련》교재 '1권 터 다지기' 3과에서 언급한 'D형 큐티'에서 나름의 해답을 발견하게 되었다.

D형 큐티란 개인별로 다양하게 하는 큐티를 4단계로 나누어서 A형, B형, C형, D형으로 설명한 유형 중 가장 높은 고급 단계를 말한다.

이 책은 큐티에서 가장 기초가 되는 A형 큐티에서부터 고급 과정인 D형 큐티까지를 이해하고, 개인이 스스로 훈련할 수 있도록 단계별로 쉽게 구성하였다. 기초적인 큐티는 자의적 해석이라는 위험성이 있지만, 그 과정을 거치지 않고서는 결코 고급 단계로 올라갈 수 없다. 때문에 이 책을 통해 A형 큐티부터 D형 큐티까지 전체적인 그림을 그리면서 하나씩 배워보자.

3. 큐티의 4가지 유형[6]

	내용관찰	연구와 묵상	느낌	결단과 적용
A형 큐티			●	
B형 큐티	●		●	
C형 큐티	●		●	●
D형 큐티	●	●	●	●

'큐티'(Quiet Time) 또는 '경건의 시간'이라는 말은 들어보았지만, 'D형 큐티'라는 말은 처음 들어본 사람들도 있을 것이다. 그렇다면, 왜 그냥 '큐티'라고 하지 않고 A, B, C, D로 큐티를 분류했을까? 그 이유는 D형 큐티의 차별성 때문이다. 자의적 해석이라는 치명적인 문제를 가진 기존의 큐티(A, B, C)와 D형 큐티를 구분하기 위해서다.

옥한흠 목사는 한국 교회에서 유행하고 있는 큐티의 방식을 4가지로 나누어 분석하였고, 위의 도표처럼 A형, B형 C형, D형 큐티라는 이름을 붙였다. 관찰 없이 느낌만 있는 큐티를 'A형 큐티', 내용관찰과 느낌만 있는 큐티를 'B형 큐티', 내용관찰과 느낌 그리고 결단과 적용까지 있는 큐티를 'C형 큐티'라고 말하였다. 그리고 내용관찰, 연구와 묵상, 느낌, 결단과 적용이라는 4단계를 모두 갖춘 큐티를 'D형 큐티'라고 하였다.

주로 한국 교회 안에서 이루어지고 있는 큐티는 C형에 해당한다. 관찰-느낌-결단과 적용으로 이루어진 C형 큐티는, D형 큐티와는 달리 '연구'의 과정이 생략되었기 때문에 내가 해석한 큐티의 내용이 성경의 문맥과 일치하는지를 확인할 수 없다. 그래서 '성경이 말하는 것은 무엇인가?'라는 질

---

6   옥한흠, 《제자 훈련의 터 다지기》(국제제자훈련원, 2005), p32.

문보다 '오늘 내게 하나님께서 말씀하시는 것은 무엇인가?' 또는 '내가 받을 은혜는 무엇인가?'에만 집중되어 있어 자의적 해석이라는 오류를 피할 수 없는 것이다. 이러한 큐티의 문제점에 대해 송인규 교수는 다음과 같이 말한다.

> 한국인들에게는 '자녀의 일류대학 진학'이라는 공통적 가치가 있다. 우리 사회가 만들어낸 일류병과 혼합주의적 복 관념에서 연유한 것이다. 만일 어떤 그리스도인이 자신의 전이해(前理解) 가운데 있는 이런 동경 심리를 자각하지 못한 채 성경 본문에 접근한다면, 그의 묵상은 기복 신앙적 퇴행증에 시달리기에 십상이다. 즉 성경 본문에서 자신의 욕구와 부합하거나 그것을 부추기는 요소만을 찾게 되고, 또 그런 방향으로 적용을 하게 되어 그렇지 않은 성경 이해나 해석에 대해서는 마음을 닫게 되는 것이다.[7]

이처럼 '연구'라는 과정을 통한 바른 해석이 없는 큐티는, 성경을 자기의 욕구와 부합되는 쪽으로 왜곡시킬 위험성이 있다. 그러나 이러한 아전인수식(我田引水式)의 자의적 해석의 위험성에도 불구하고 A, B, C라는 과정을 거치지 않으면, 우리는 결코 D형 큐티의 단계까지 올라갈 수 없다. 자의적 해석은 잘못된 것이지만, 그 잘못된 자의적 해석을 단 한 번도 하지 않고 성경을 해석하는 사람은 아무도 없을 것이기 때문이다. 한 번도 넘어지지 않고 자전거를 배우는 사람은 없다.

그러므로 큐티를 처음 배우는 사람에게 큐티의 문제점을 너무 드러내어 두려워하게 만들 필요는 없다. 처음에는 마음껏 자의적 해석을 할 수 있도록 허용해야 한다. '마음껏 자의적 해석을 하라니? 그러면 성경을 왜곡하는

7 송인규, 《성경 어떻게 적용할 것인가》(성서유니온, 2011), p159.

것이 아닌가?'라고 의문을 가질 수 있지만, 그렇지 않다. 비록 오류가 있고 어설픈 큐티일지라도, 그런 과정을 통해 다음 단계의 큐티로 발전해 나갈 수 있기 때문이다.

균형 잡힌 큐티로 발전해 나가기 위해서는 말씀에 대한 바른 이해가 있는 리더나 교역자의 도움을 받는 것이 필요하다. 또 그러한 파트너나 공동체에 속해 있는 것이 중요하다. 왜냐하면 잘못된 해석과 적용이 있더라도 이들이 바른 큐티로 안내해 줄 수 있기 때문이다. 이런 면에서 본다면, 큐티의 시작은 지극히 개인적이나 마지막은 반드시 '나눔'이어야 한다.

걸음마를 처음부터 완벽하게 하는 사람은 없다. 넘어지고 또 넘어져도 다시 일어나므로 인해 결국 온전한 걸음을 걷는다. 처음에는 어설프고 문제가 있더라도 괜찮다. 그런 과정을 거치지 않은 사람은 아무도 없다. 걸음마를 걸을 때 늘 옆에서 손뼉을 쳐주고 응원해주는 부모처럼, 큐티의 멘토나 공동체가 돌봐준다면, 더욱더 건강하게 성장할 것이다. 중학교 시절에 기타를 배우기 위해서 샀던 기타 연주 책의 서문에 다음과 같이 적혀 있었다: "유명한 기타 연주자 제프 백도 처음엔 당신과 같았다!"

이 책을 통해 각 큐티의 방법과 장점 그리고 문제점들을 함께 공부해 나갈 때 단순히 눈으로 읽는 것으로 만족하지 말라. 각 큐티의 과정들을 직접 해보며 몸으로 익힌다면, 더 많은 유익을 얻을 수 있을 것이다.

| 2부 |

큐티의
방법

A형 큐티는 성경 말씀을 읽고 자신의 '느낌'을 기록한 후에 기도하고 마치는 가장 기본적인 방법
이다. B형 큐티는 큐티의 기초 단계로, 본문을 '관찰'한다. 여기서 '관찰'이란 성경을 그냥 읽는 것
이 아니라 본문 전체와 세부적인 사항의 특이점을 파악하는 것을 말한다. C형 큐티는 내용관찰,
느낌, 결단과 적용으로 이루어져 있는데, 앞서 배운 A와 B형 큐티와 가장 큰 차이가 바로 '결단과
적용'이다. D형 큐티는 '내용관찰-연구와 묵상-느낌- 결단과 적용', 총 4단계로 구성된다.

A형 큐티

- 큐티의 기초 단계
- 성경 말씀을 읽고 '느낌'을 기록하는 방법
- 처음 큐티를 시작하는 사람들에게 유용함

	내용관찰	연구와 묵상	느낌	결단과 적용
A형 큐티			○	
B형 큐티	●		●	
C형 큐티	●		●	●
D형 큐티	●	●	●	●

A형 큐티란?

A형 큐티는 성경 말씀을 읽고 자신의 '느낌'을 기록한 후에 기도하고 마치는 가장 기본적인 방법이다. 다른 큐티에 비해 쉽고 부담감이 덜하여 처음 큐티를 시작하는 사람들에게 유용한 방법이다.

큐티의 방법

1. 기도하라

하나님께서 나의 마음을 여시고 그 뜻을 비춰주시기를 간구하며 주님의 임재를 기대하는 기도를 드린다. 찬양이나 묵상 기도 등을 통해 이 시간과 장소가 하나님 앞에서 특별한 시간과 공간임을 인식한다.

2. 성경을 읽으라

마음의 여유를 가지고, 성경 본문으로 선정된 구절(보통 한두 구절)을 천천히 여러 번 반복해 읽는다. 소리를 내어 읽는 것도 도움이 된다. 중요한 것은, 조급한 마음을 갖지 않고 성경 말씀의 내용이 무엇인지를 충분히 이해하도록 한다.

성경 본문 선정의 기준

처음으로 큐티를 시작하는 초보자라면, 많은 구절보다 한 구절로부터 시작하는 것이 좋다. 단순히 한 구절을 그냥 묵상하기보다, 한 구절 한 구절이 어떤 큰 주제를 이룬다면 훨씬 더 효과가 있을 것이다.

이때 네비게이토에서 출간된 《주제별 성경암송 60구절》카드는 좋은 도구가 될 수 있다. 카드의 순서에 따라 큐티를 하게 되면, 그리스도인의 기본적인 삶에 대해 주제별로 묵상할 수 있어 비교적 안전하게 큐티를 배울 수 있어 매우 효과적이다. 또한 자신이 좋아하는 구절이나, 목회자로부터 추천받은 구절들을 한 구절씩 묵상하는 것도 도움이 된다.

3. 성경을 읽으면서 마음속에 갖게 되는 '느낌'이 무엇인지를 살펴라

우리가 큐티를 할 때 반드시 기억해야 할 것이 있다. 바로 큐티는 성경 공부가 아니라는 것이다. 큐티를 시작한 사람 중 많은 이들이 실패하는 이유는, 성경을 읽으면서 본문을 자꾸 분석하려고 하기 때문이다. 여기서는 성경을 읽으면서 자신의 감정에만 집중하라.

4. '느낌'을 기록하라

성경 본문을 읽을 때 마음에 와닿는 것이 무엇인지를 자유롭고 솔직하게 기록하라. 큐티를 하는 사람에게 중요한 것 중의 하나가 바로 '기록'이다.

평소에 일기를 써온 사람이라면 느낀 점을 기록하는 것이 그리 어렵지 않게 느껴질 수 있다. 자기가 하루 동안 겪은 일에 대한 느낌을 기록하는 대신, 말씀을 읽으면서 느낀 점을 기록하면 되기 때문이다. 하지만 대부분의 사람은 자기의 생각이나 느낌을 기록하는 것을 어려워한다.

성경을 읽으면서 머릿속 또는 마음속에 있는 느낌을 기록하지 못한다면, 그것은 사실상 아무 의미도 없는 감정 변화에 불과하다. 단 몇 줄이라도 말씀을 읽은 후에 느낌을 기록해보라. 그저 성경 본문과 그에 대한 해설을 읽고 수긍한 후에 간단한 기도를 하는 것만으로는 큰 의미를 가질 수 없다. 문자로 남겨두지 않은 나 자신의 느낌은, 단 몇 분도 지나지 않아 흔적도 없이 사라져 버린다. 그러므로 성경 말씀을 묵상할 때에는 반드시 펜을 들고, 내 느낌이나 생각을 기록해야 한다.

느낀 점 기록할 때의 지침

기록하는 것 자체에서부터 어려움을 느낀다면, 지금부터 제시되는 사항을 가지고 연습해보라.

• '나'를 주어로 한 문장을 쓴다. 묵상은 하나님 말씀 앞에서 '나'를 성찰하기 위해서 하는 것이다. 다른 사람의 모습을 비판하거나 부러워하기 위한 것이 아니란 말이다. 때문에 'I'가 아닌 'YOU'가, 즉 배우자, 가족, 친지, 동료 등이 주어가 되지 않도록 주의해야 한다.

• 무슨 내용을 써야 할지 모르겠는가? 그렇다면 성경 본문을 읽고 하나님께 찬양한 것, 감사 제목, 회개해야 할 나의 잘못, 결단해야 할 것 등을 생각해보라. 그리고 떠오르는 것이 있다면, 그것을 부담 없이 솔직하게 기록하여 첫 문장으로 삼자. 그러면 이와 같은 찬양, 감사, 회개, 결단의 내용이 '주제문'(Topic Sentence)이 된다. 이후 왜 그런 찬양이나 감사를 했는지, 그로 인해 어떤 감정이 드는지를 자유롭게 덧붙여 쓰면 훌륭한 A형 큐티가 완성될 것이다.

5. 기록한 '느낌'을 다시 읽은 후, 마무리 기도로 큐티 시간을 마치라

때에 따라 다르겠으나, A형 큐티는 대체로 그리 긴 시간이 소요되지 않고 많은 에너지가 들지 않아 비교적 부담 없이 실천할 수 있다. 중요한 것은 매일 정해진 시간에 실천하고, 여유로운 마음으로 성경을 읽은 후 반드시 글(기록)로 자신의 느낌을 남겨야 한다는 것이다. 이렇게 글로 남겨진 '나의 느낀 점'은, 이후에 나의 신앙이 어떤 모습으로 얼마나 성장했는가를 알게 해주는 귀중한 자료가 된다.

A형 큐티의 실제

큐티를 처음 시작하는 사람들에게 적합한 방식은, 성경 본문을 한 구절로부터 시작하는 것이다. 한 구절을 묵상하게 되면 문맥과 동떨어진 해석을 할 위험성이 있다. 하지만 한 구절로 시작하는 것은 여러 가지 면에서 더 유익하다.

첫째, 어렵지 않게 성경 묵상을 배울 수 있는 장점이 있다. 둘째, 성경의 한 구절을 계속 생각하면 성경의 단어 하나까지 스쳐 지나가지 않고 꼼꼼히 파악할 수 있는 연습을 하게 된다. 그러면 한 문맥이나 문단을 볼 때도 단어 하나하나에 집중할 수 있다. 바울은 성경의 단어 하나하나까지 영감된 하나님의 말씀이라 하였다.[8]

다음은 네비게이토《주제별 성경암송 60구절》중 D파트 '그리스도 제자의 자격' 중 '견고함'이라는 고린도전서 15장 58절을 예로 한 A형 큐티다.

---

8 루이스 벌코프, 박문재 역,《성경 해석학》(크리스천다이제스트, 2008), p47.

그리스도 제자의 자격, 견고함

- 본문: 그러므로 내 사랑하는 형제들아 견실하며 흔들리지 말고 항상 주의 일에 더욱 힘쓰는 자들이 되라 이는 너희 수고가 주 안에서 헛되지 않은 줄 앎이라(고린도전서 15:58).

- 느낌: 요즘 여러 가지 스트레스가 많아서 힘든 상황이었는데, 하나님께서 내게 결과가 좋지 않더라도 지속해서 흔들리지 말고 주의 일에 더욱 힘쓰는 자가 되라고 말씀하신다. 비록 확실한 결과가 나오지 않고 여전히 안개와 같은 상황이지만, 나의 수고가 주님 안에서 헛되지 않을 줄을 믿고 오늘도 묵묵히 순종하며 살아가고 싶다.

이번에는 우리에게 익숙한 마태복음 11장 28절로 A형 큐티를 진행해보자. 이 구절은 예수님께서 우리를 초청하는 말씀이다. 당신은 어떤 느낌이드는지 비교하며 살펴보라.

- 본문: 수고하고 무거운 짐 진 자들아 다 내게로 오라 내가 너희를 쉬게 하리라(마태복음 11:28).

- 느낌: 피곤한 상황에서도 예수님을 의지하고 의뢰하면, 그분은 반드시 쉼을 주신다고 약속하셨다. 나는 지금 졸리고 피곤하다. 그래도 계속 그분의 도우심을 구하자. 그분께서 나에게 반드시 쉼을 주실 것이다.[9]

만약 한 구절이 익숙해지면, 다음과 같이 조금 긴 구절을 묵상할 수도 있다. 요한복음 12장 1~8절로 A형 큐티를 진행해보라.

---

9 송원준, 《영성이 깊어지는 큐티》(두란노, 2000), P58.

먼저 이 구절을 읽어보고 자신의 큐티 노트에 기록해보라. 그 후에 다음의 큐티를 보고 비교하면 도움이 될 것이다.

- 본문: ¹유월절 엿새 전에 예수께서 베다니에 이르시니 이 곳은 예수께서 죽은 자 가운데서 살리신 나사로가 있는 곳이라 ²거기서 예수를 위하여 잔치할새 마르다는 일을 하고 나사로는 예수와 함께 앉은 자 중에 있더라 ³마리아는 지극히 비싼 향유 곧 순전한 나드 한 근을 가져다가 예수의 발에 붓고 자기 머리털로 그의 발을 닦으니 향유 냄새가 집에 가득하더라 ⁴제자 중 하나로서 예수를 잡아 줄 가룟 유다가 말하되 ⁵이 향유를 어찌하여 삼백 데나리온에 팔아 가난한 자들에게 주지 아니하였느냐 하니 ⁶이렇게 말함은 가난한 자들을 생각함이 아니요 그는 도둑이라 돈궤를 맡고 거기 넣는 것을 훔쳐 감이러라 ⁷예수께서 이르시되 그를 가만 두어 나의 장례할 날을 위하여 그것을 간직하게 하라 ⁸가난한 자들은 항상 너희와 함께 있거니와 나는 항상 있지 아니하리라 하시니라(요한복음 12:1~8).

- 느낌: 나는 요즘 너무 물질주의에 빠진 것 같다. 사랑은 희생하는 것이고, 사랑은 내 것을 내어드리는 것인데 가룟 유다와 같이 계산하는 성향이 내게도 있는 것 같다. 사랑은 자기의 유익을 구하지 않는 것인데, 늘 나에게 유리한 것인지를 먼저 생각하는 나를 발견한다. 나는 기쁨으로 주님께 드리고 있는가, 아니면 무엇을 더 받기만 원하고 있는가?

위와 같이 A형 큐티는 깊은 성경 해석은 아니나, 큐티를 처음 접하는 사람 누구나 쉽게 시작할 수 있는 좋은 방법이다. 성경을 읽고 예수님께서 주시는 안전함을 느낄 수 있기 때문이다. 이 느낌을 시작으로 묵상이 깊어지면, 느낌은 깨달음이 된다. 그러므로 큐티를 처음 시작하는 사람들에게 마음의 느낌에 집중하도록 하는 것은 매우 중요하다.

A형 큐티의 한계

A형 큐티는 '느낌'으로 이루어진 큐티이기에 은혜는 받지만, 성경에 대한 바른 이해가 결여될 우려가 있다. 하지만 하나님의 말씀을 단순히 읽는 것에 그치지 않고 '느낌'을 통해서 자신의 감정으로 연결하는 것은 반드시 훈련되어야 하는 습관이기도 하다.

다음의 큐티는 스무 살이 되어 처음으로 큐티를 배운 한 청년이 제출했던, 첫 번째 큐티의 내용이다. 이를 통해 A형 큐티의 한계를 좀 더 구체적으로 살펴보자.

> • 본문: ³이르시되 여행을 위하여 아무 것도 가지지 말라 지팡이나 배낭이나 양식이나 돈이나 두 벌 옷을 가지지 말며 ⁴어느 집에 들어가든지 거기서 머물다가 거기서 떠나라 ⁵누구든지 너희를 영접하지 아니하거든 그 성에서 떠날 때에 너희 발에서 먼지를 떨어 버려 그들에게 증거를 삼으라 하시니(누가복음 9:3~5).
>
> • 느낌: 이 구절에서 "누구든지 너희를 영접하지 아니하거든 …… 너희 발에서 먼지를 떨어 버려 그들에게 증거를 삼으라 하시니"(5절)라는 구절을 읽다가 자연스럽게 "털어서 먼지 안 나는 사람 없다"라는 속담이 떠올랐다. 그래서 '발에 먼지를 떨어 버려'라는 말은 나 자신을 먼저 돌아보라고 해석하게 되었다. 결국 복음을 증거했지만, 사람들이 거부하면 나 자신의 부족함을 계속 돌아보아야 한다.

나름대로 상당히 은혜로운 적용이기는 하지만, 우리는 여기서 A형 큐티의 한계를 볼 수 있다. 바로 본문이 말하지도 않는 과도한 은혜를 받는다는 것이다. 이런 식의 큐티는 위험하지만, 사람들이 계속해 선호하는 이유는 '은혜' 때문이다. 마음의 감동이 있기에, 그 말씀이 하나님께서 자신에게 주신 말씀이라고 확신한다. 나아가 그 확신 때문에 무엇이 잘못되었는지 파악조차 하지 못하는 경우도 있다.

위의 큐티에서 '자신의 부족함을 먼저 돌아보아야 한다'는 청년의 적용은 성경을 잘못 해석해서 적용한 것이다. 그러면 그가 받은 은혜는 잘못된 것인가? 만약 태어나서 평생 처음 큐티를 한 이 청년에게 당신의 은혜는 잘못된 것이라고 말한다면, 그는 상처를 받고 다시 큐티하기가 두려울 것이다. 비록 이 청년이 잘못된 해석을 했지만, 그가 큐티를 하면서 받은 은혜는 잘못된 은혜가 아니라 하나님이 주신 은혜라고 말할 수 있다. 왜냐하면 '먼저 자신을 돌아보라'는 메시지는 누가복음 9장 본문의 해석은 아니나, 성경 전체의 메시지로는 건전한 은혜의 메시지이기 때문이다. 반면 이 청년이 '사람에게 상처를 주어도 발에 먼지만 털면 된다'라고 적용하고 은혜를 받았다면, 그 은혜는 잘못된 은혜라 말해야 한다. 왜냐하면 성경 전체의 말씀 중에 그런 적용을 지지하는 말씀은 없기 때문이다.

다시 말해 이 청년은 비록 잘못된 해석을 했지만, 자신을 먼저 돌아보려고 하는 자세는 성경 전체의 메시지와 일치하기에 그의 은혜는 잘못된 해석이지만 정당한 은혜가 될 수 있다. 또한 큐티가 끝나고 기도를 할 때 청년이 "하나님 늘 내가 옳다고 생각하며 살 때가 많은데, 다른 사람이 나를 거부할 때 그것이 나를 돌아보는 계기로 삼게 하여 주옵소서"라고 기도한다면 그 기도는 오류가 없는 좋은 기도문이 된다.

A형 큐티를 시작할 때 함께 나눌 수 있는 건강한 공동체만 있다면, 혹 해석이 잘못되었어도 큐티한 사람이 받은 은혜는 귀한 것임을 공동체가 함께

격려하고 기도해줄 수 있을 것이다. 그뿐만 아니라 이러한 해석의 오류가 없이는 결코 바르게 해석하는 단계로 나아가지 못한다는 것을 알고, 처음 큐티를 하는 사람들은 좀 더 담대히 A형 큐티를 할 수 있어야 한다.

생각해보라! 2천 년 전에 기록된 하나님의 말씀이 2천 년이 지난 오늘날 A형 큐티를 통해 우리의 삶에 역사하고 있다. 그런데 이것을 모두 잘못된 해석이라고 깎아내린다면, 더 귀중한 성장을 가로막는 잘못을 범하는 것일 수 있다. 성경에 기록된 말씀이 오늘 나에게 선포된 말씀으로 전환되는 과정이 바로 '느낌'이다.

지금까지 A형 큐티의 장단점을 모두 살펴보았다. 이제는 당신이 실제로 A형 큐티를 연습해보라.

✍️ A형 큐티 연습

1. 다음의 성경 본문을 읽고, 나 자신의 느낌을 적어보라.

본문	《주제별 성경암송 60구절》 A파트 '새로운 삶' 중에서 '중심 되신 그리스도' 그런즉 누구든지 그리스도 안에 있으면 새로운 피조물이라 이전 것은 지나갔으니 보라 새 것이 되었도다(고린도후서 5:17).
느낌	

본문	《주제별 성경암송 60구절》 A파트 '새로운 삶' 중에서 '그리스도께 순종' 그러므로 형제들아 내가 하나님의 모든 자비하심으로 너희를 권하노니 너희 몸을 하나님이 기뻐하시는 거룩한 산 제물로 드리라 이는 너희가 드릴 영적 예배니라(로마서 12:1).
느낌	

본문	《주제별 성경암송 60구절》 B파트 '그리스도를 전파함' 중에서 '그리스도가 형벌을 받음' 우리가 아직 죄인 되었을 때에 그리스도께서 우리를 위하여 죽으심으로 하나님께서 우리에 대한 자기의 사랑을 확증하셨느니라(로마서 5:8).
느낌	

본문	여인이 어찌 그 젖 먹는 자식을 잊겠으며 자기 태에서 난 아들을 긍휼히 여기지 않겠느냐 그들은 혹시 잊을지라도 나는 너를 잊지 아니할 것이라(이사야 49:15).
느낌	

본문	수고하고 무거운 짐 진 자들아 다 내게로 오라 내가 너희를 쉬게 하리라(마태복음 11:28).
느낌	

2. 다음 구절의 강조점을 다르게 하여 읽어보라.

[개역개정] 빌립보서 4:13

내게 능력 주시는 자 안에서 내가 모든 것을 할 수 있느니라

내게 능력 주시는 자 안에서 내가 모든 것을 할 수 있느니라

내게 능력 주시는 자 안에서 내가 모든 것을 할 수 있느니라

내게 능력 주시는 자 안에서 내가 모든 것을 할 수 있느니라

내게 능력 주시는 자 안에서 내가 모든 것을 할 수 있느니라

내게 능력 주시는 자 안에서 내가 모든 것을 할 수 있느니라

내게 능력 주시는 자 안에서 내가 모든 것을 할 수 있느니라

내게 능력 주시는 자 안에서 내가 모든 것을 할 수 있느니라

[NIV] Philippians 4:13

For I can do everything through Christ, who gives me strength.

For I can do everything through Christ, who gives me strength.

For I can do everything through Christ, who gives me strength.

For I can do everything through Christ, who gives me strength.

For I can do everything through Christ, who gives me strength.

For I can do everything through Christ, who gives me strength.

For I can do everything through Christ, who gives me strength.

For I can do everything through Christ, who gives me strength.

For I can do everything through Christ, who gives me strength.

For I can do everything through Christ, who gives me strength.

For I can do everything through Christ, who gives me strength.[10]

---

10   Rick Warren, 《Bible study methods》(Zondervan, 2006), p39.

B형
큐티

· 큐티의 초급 단계
· 본문을 '관찰'하고, '느낌'을 기록하는 방법
· '관찰'이란 본문 전체와 세부적인 사항의 특이점을 파악하는 것

	내용관찰	연구와 묵상	느낌	결단과 적용
A형 큐티			●	
B형 큐티	●		●	
C형 큐티	●		●	●
D형 큐티	●	●	●	●

B형 큐티란?

B형 큐티는 큐티의 초급 단계로, 본문을 '관찰'한다. 여기서 '관찰'이란 성경을 그냥 읽는 것이 아니라 본문 전체와 세부적인 사항의 특이점을 파악하는 것을 말한다. 무엇보다 그것을 다른 사람에게 전달할 수 있을 정도로 충분히 인식할 수 있을 때, 비로소 관찰이 이루어졌다고 할 수 있다. 따라서 같은 본문을 보더라도 '관찰'이 이뤄졌다면, 그에 대한 느낌은 크게 달라진다.

관찰을 한마디로 하면, '본문에서 무엇을 보는가?'이다. 시편 기자는 "내 눈을 열어서 주의 율법에서 놀라운 것을 보게 하소서"(시편 119:18)라고 기도하였다. 즉, 그는 관찰을 잘할 수 있는 능력을 달라고 기도한 것이다. 또 하워드 헨드릭스는 셜록 홈스의 대사를 언급하며, 관찰의 중요성을 "그저 보는 것과 관찰하는 것의 사이에는 큰 차이가 있습니다"라고 언급했다. 결국 관찰이란 그저 성경을 읽는 것이 아니다.

관찰의 방법

B형 큐티는 정해진 시간과 장소에서 기도나 찬양으로 하나님께 마음을 연후 성경을 읽되, 그저 읽는 것이 아니라 본문을 깊이 '관찰'하는 것이다. 이전에 그냥 스쳐 지나갔던 구절이나 단어들도 관찰을 통해 마음에 와닿을 때가 있다. 그렇다면, 어떻게 읽는 것이 관찰인가?

1. 능동적 자세로 읽어라

하나님의 말씀을 듣는 자세로 읽는다는 것은, 단지 수동적으로 기다리는 것이 아니라 적극적으로 본문 말씀을 읽는 과정이다. 시편 42편에서 고라의 자손은 다음과 같이 고백한다.

> 하나님이여 사슴이 시냇물을 찾기에 갈급함 같이 내 영혼이 주를 찾기에 갈급하니이다(시편 42:1).

이 구절을 존 스토트는 가뭄이 들었을 때 목마른 사슴이 물을 찾는 모습이라 하였고, C.S. 루이스는 '시인이 하나님을 향한 식욕이 왕성하다'라고 표현하였다.[11] 이처럼 하나님을 향한 왕성한 식욕을 가지고, 목마른 사슴이 시냇물을 찾듯이 우리는 성경을 능동적으로 읽어야 한다.

2. 낯설게 읽어라

익숙한 본문이라도, 마치 처음 읽는 본문처럼 대해야 한다. 실제로 본문을 요약해 보면, 성경에 내가 알지 못했던 부분이 있음을 발견하곤 한다.

---

11 존 스토트, 김성웅 역,《내가 사랑한 시편》(포이에마, 2012), p104.

하워드 헨드릭스는 성경 본문을 읽으면서 "아! 이거 내가 아는 본문인데"라고 말하는 순간 성경 안에 있는 깊은 보물을 발견하지 못하게 된다고 말했다. '친숙은 경멸을 불러일으킨다'는 옛말이 있다. 우리는 어느 본문을 대하든, 처음 보는 말씀처럼 읽어야 한다.

우리가 잘 아는 본문이라도 낯설게 읽을 수 있는 좋은 도구가 있다. 바로 다양한 성경의 번역본을 활용하는 것이다. 성경은 원래 세 가지 언어, 히브리어와 헬라어 그리고 아람어로 쓰였다. 원어에 통달할 시간이나 능력을 갖춘 사람이 많지 않기에, 우리가 이해할 수 있는 언어로 성경을 번역해준 사람들의 수고에 의존하게 된다. 오늘날에는 번역본이 다양하기에, 그 다양한 번역본을 활용하면 훨씬 더 풍성한 관찰을 할 수 있다. 한 예로, 사도행전 1장 8절을 다양한 번역본으로 읽어보라.

오직 성령이 너희에게 임하시면 너희가 권능을 받고 예루살렘과 온 유대와 사마리아와 땅 끝까지 이르러 내 증인이 되리라 하시니라(사도행전 1:8).

"But you will receive power when the Holy Spirit comes on you; and you will be my witnesses in Jerusalem, and in all Judea and Samaria, and to the ends of the earth." (NIV, Acts 1:8)

그러나 성령님이 너희에게 오시면 너희가 권능을 받아 예루살렘과 온 유대와 사마리아와 땅 끝까지 이르러 내 증인이 될 것이다.'(현대인의성경, 사도행전 1:8)

사도행전 1장 8절은 대부분의 사람이 암송할 정도로 유명한 구절이다. 처음 나오는 단어 "오직"은 '유일하다'라는 뜻의 'only'로 생각할 수 있다. 하지만 다른 번역본을 보면 'but'이라는 접속사로 되어 있다. 대부분 신약 성경에서 말하는 "오직"은 'but'이나 'for'로 번역되는 경우가 많다.《현대인의 성경》에서도 "그러나"로 번역된 것을 볼 수 있다.

그렇다면, 어떤 번역본을 보아야 할까?

성경 번역본은 크게 세 가지 종류로 나눌 수 있다. 원어에 가깝게 문자적으로 번역한 '문자적 번역'과 현대에 맞도록 의역한 '역동적인 번역', 그리고 아이들이나 초신자들이 쉽게 볼 수 있도록 번역한 '자유 번역'으로 나뉜다.[12]

	문자적 번역	역동적 번역	자유 번역
영어 성경	YLT, ESV, NASB, RSV, KJV 등	NIV, NCV, NLT	Message
한글 성경	개역개정, 개역한글	표준새번역, 현대인의성경	쉬운성경

본문을 다양한 번역본으로 읽는 것만으로도 우리는 많은 깨달음을 얻을 수 있다. 특히, 본문마다 난외주(欄外註, marginal note)가 달린 것이 좋다.[13] 관주가 있는 성경도 다른 본문을 찾아볼 수 있기에 유익하다.

개인적으로 한글 성경은《표준새번역》을, 구약의 예언서 등을 큐티할 때는《쉬운성경》과《우리말성경》같이 쉽게 쓰인 것을 추천한다. 영어 성경

---

12 고든 피, 더글라스 스튜어트,《성경을 어떻게 읽을 것인가》(성서유니온, 2008), p46.
13 Ibid., p37.

은 문자적 번역 중 한 권(YLT, ESV, NASB 등)과 역동적 번역 중 한 권(NIV, NLT 등)을 함께 읽는 것이 좋다. 또한, 번역 성경은 아니나 유진 피터슨이 현대적인 언어로 성경을 묵상한《메시지》(Message)도 함께 읽으면 유익하다. 다양한 번역본을 보는 것은 아무리 강조해도 지나치지 않는다.

3. 강조점이 무엇인지 파악한다

본문이 무엇을 강조하고 있는지를 살펴야 한다. 어떤 내용을 강조하기 위해서 사용되는 수사법에는 어떤 것에 다른 것을 견주어 설명하는 '비유법', 문장의 뜻을 강하게 높이는 '강조법', 문장의 단조로움을 덜기 위해 변화를 주는 '변화법' 등이 있다. 본문에 이런 수사법이 사용되었다면, 그것은 저자가 그 부분을 쉽게 이해시키기 위해서거나 강조하기 위한 것이므로 주의를 집중해야 한다.

4. 육하원칙에 의해 내용을 파악한다

관찰은 본문을 통해 하나님과 대화를 하는 것이다. 본문을 읽을 때 '누가, 언제, 어디서, 무엇을, 어떻게, 왜'와 같은 질문을 던지고, 그에 대한 답이 본문에 있는지를 찾아보라. 본문에서 답을 찾을 수 있는 경우에는 그에 대한 답을 정리하여 메모하라. 우리가 많은 질문을 던질수록, 성경은 우리에게 더 많은 진리를 알려준다.

육하원칙(5W1H)을 적용하면, 내용 파악에 도움이 된다. 하워드 헨드릭스는 관찰을 위한 육하원칙을 가리켜, 물고기를 잡기 위해 미끼를 던지듯이 성경에 감추어진 진리를 낚아채기 위한 6가지의 미끼들(lures)이라고 말할 정도로 중요한 도구라고 강조한다.[14]

---

14 하워드 헨드릭스, 정현 역,《삶을 변화시키는 성경 연구》(디모데, 2003), p128.

1) 누가(Who)

'본문에서 말하는 사람은 누구인가?'(Who are the people in the text?)라는 질문을 던지고 나서 두 가지를 파악해야 한다. 첫째, 본문은 이 인물에 대해 무슨 말을 하는가? 둘째, 이 인물이 어떤 행동을 했는가? 좀 더 관찰한다면 인물의 신분, 성격, 태도, 상태, 다른 사람과의 관계 등을 함께 고려하는 것도 좋다.[15] 예를 들어, 요한복음 21장 12~14절을 살펴보자.

> [12]예수께서 이르시되 와서 조반을 먹으라 하시니 제자들이 주님이신 줄 아는 고로 당신이 누구냐 감히 묻는 자가 없더라 [13]예수께서 가셔서 떡을 가져다가 그들에게 주시고 생선도 그와 같이 하시니라 [14]이것은 예수께서 죽은 자 가운데서 살아나신 후에 세 번째로 제자들에게 나타나신 것이라(요한복음 21:12~14).

이 말씀은 예수님께서 부활하신 후 제자들에게 나타나신 사건이다. 밤이 새도록 그물을 던졌지만, 아무것도 잡지 못한 제자들에게 예수님께서는 "그물을 배 오른편에 던지라"(요한복음 21:6)고 명하셨고 이를 따른 제자들은 만선의 축복을 경험한다. 예수님이심을 알고 달려온 제자들에게 예수님께서는 떡과 생선을 주셨다. 또한 이 사건이 부활 후에 이루어진 사건임을 요한은 분명히 전하고 있다.

그렇다면, 본문에서 누가 누구에게 떡과 생선을 나누어주었는가? 제자들이 부활하신 예수님께 주었는가? 그렇지 않다. 부활하신 예수님께서 손수 구우신 떡과 생선을 제자들에게 나눠주셨다. 이 본문을 옥한흠 목사는 자신의 설교에서 다음과 같이 표현하였다.

---

15 이용세, 《개인 성경 연구》(성서유니온, 2007), p78.

디베랴 바다에서 밤새 고기를 잡고 있던 제자들을 새벽녘에 찾으신 예수님은, 이미 죽음을 이기고 승리하신 영광의 하나님이셨다. 그러나 그는 자기의 영광의 빛을 가지고 제자들을 혼비백산하게 만들지 아니하셨다. 떠오르는 햇살을 받아 빨갛게 물들고 있는 갈릴리 바닷가에서 실패와 좌절로 기가 죽어 있는 제자들을 다루시는 주님의 모습은, '너무나 인간적'이라는 말 외에는 다른 무슨 말로도 설명이 되지 않는 것 같다.[16]

제자들에게 구운 생선을 나누어 주셨던 예수님은 부활하신 예수님이셨다. 부활 후에도 인간적인 모습으로 제자들을 대하시는 모습이 너무나도 감동적인 본문이다. 이는 본문에서 '누가'라는 것에 집중했기에 이러한 은혜를 누릴 수 있는 것이다. '누가' 생선을 주었는가? 예수님께서 제자들에게 주셨다. 그 예수님은 '누구'인가? 바로 부활하신 주님이시다.

2) 무엇을(What)

'본문에서 무슨 일이 벌어지고 있는가?'(What is happening in this text?), 즉 어떤 사건 또는 어떤 일이 일어났는가를 묻는 것이다. 예를 들어, 사무엘상 15장 20~22절로 살펴보자.

[20]사울이 사무엘에게 이르되 나는 실로 여호와의 목소리를 청종하여 여호와께서 보내신 길로 가서 아말렉 왕 아각을 끌어 왔고 아말렉 사람들을 진멸하였으나 [21]다만 백성이 그 마땅히 멸할 것 중에서 가장 좋은 것으로 길갈에서 당신의 하나님 여호와께 제사하려고 양과 소를 끌어 왔나이다 하는지라 [22]사무엘이 이르되 여호와께서 번제와 다른 제

---

16 옥한흠, 《요한이 전한 복음 1》(국제제자훈련원, 2005), p9.

사를 그의 목소리를 청종하는 것을 좋아하심 같이 좋아하시겠나이
까 순종이 제사보다 낫고 듣는 것이 숫양의 기름보다 나으니(사무엘상
15:20~22).

무슨 일이 벌어지고 있는가? 사울이 하나님의 명령을 온전히 순종하지
않고 변명하고 있다. 사울은 완전히 멸하라는 명령을 받았지만, 하나님께
제사하기 위해 남겨 두었다고 변명하였다. 그러자 사무엘은 "순종이 제사보
다 낫고 듣는 것이 숫양의 기름보다 나으니"(22절)라고 대답하였다. 사울의
행동을 통해, 그리고 사무엘의 말을 통해 여기서 벌어지는 일 속에서 어떤
교훈을 얻을 수 있는가? 하워드 헨드릭스는 "부분적인 순종은 결국 불순
종이다"라고 하였다.[17]

하나 더, 마가복음 1장 35절을 살펴보자.

새벽 아직도 밝기 전에 예수께서 일어나 나가 한적한 곳으로 가사 거기
서 기도하시더니(마가복음 1:35).

새벽 아직도 밝기 전에 누가 어떤 일을 하였는가? 예수님께서 한적한 곳
으로 가사 거기서 기도를 하셨다. 하나님의 아들이신 예수님께서도 새벽에
일어나셔서 기도하셨다면, 우리는 어떠해야 할까? 이처럼 본문에서 누가
무엇을 하였는지에만 집중해도 우리는 여러 가지 진리를 발견할 수 있다.

---

17 하워드 헨드릭스, 정현 역, 《삶을 변화시키는 성경 연구》(디모데, 2003), p129.

3) 어디서(Where)

'이 사건이 벌어진 장소는 어디인가?'(Where is the narrative taking place?)라는 질문을 던져보라. '어디서'라는 질문에 답을 얻기 위해 성경 지도를 찾아보는 것도 좋다. 하지만 B형 큐티에서는 그냥 지명에만 집중하는 것으로 만족하자. 지도를 찾는 과정은 C형과 D형 큐티의 단계에서 하고, B형 큐티에서는 관찰을 연습하는 과정이기에 관찰에만 집중하는 것이 좋을 듯하다. 시편 57편을 예로 살펴보자.

> [6]그들이 내 걸음을 막으려고 그물을 준비하였으니 내 영혼이 억울하도다 그들이 내 앞에 웅덩이를 팠으나 자기들이 그 중에 빠졌도다 (셀라) [7]하나님이여 내 마음이 확정되었고 내 마음이 확정되었사오니 내가 노래하고 내가 찬송하리이다 [8]내 영광아 깰지어다 비파야, 수금아, 깰지어다 내가 새벽을 깨우리로다 [9]주여 내가 만민 중에서 주께 감사하오며 뭇 나라 중에서 주를 찬송하리이다 [10]무릇 주의 인자는 커서 하늘에 미치고 주의 진리는 궁창에 이르나이다 [11]하나님이여 주는 하늘 위에 높이 들리시며 주의 영광이 온 세계 위에 높아지기를 원하나이다(시편 57:6~11).

시편 57편의 저자는 억울하고 힘든 상황에 빠져 있지만, 마음을 확정하고 어두운 현실에서 새벽을 깨우기로 결단하며 하나님을 찬양하고 있다. 시편 57편에는 '다윗이 사울을 피하여 굴에 있던 때에'라는 내용이 기록되어 있듯, 다윗이 굴이라는 장소에서 노래한 시편이다. 그렇다면, 이 굴은 어떤 굴인가? 우리는 사무엘상 22장 1~2절에서 그 답을 찾을 수 있다.

> [1]그러므로 다윗이 그 곳을 떠나 아둘람 굴로 도망하매 그의 형제와 아

버지의 온 집이 듣고 그리로 내려가서 그에게 이르렀고 [2]환난 당한 모
든 자와 빚진 모든 자와 마음이 원통한 자가 다 그에게로 모였고 그는
그들의 우두머리가 되었는데 그와 함께 한 자가 사백 명 가량이었더라
(사무엘상 22:1~2).

다윗은 사울을 피해 아둘람 굴로 도망쳤다. 다윗은 그곳에서 사울에게
공격받을 것을 두려워했던 그의 형제와 가족, 친지들, 그리고 환난 당한 모
든 자와 빚진 모든 자, 마음이 원통한 자와 함께 있었다. 사울이 왕으로 통
치하던 시절이었고 다윗은 하나님의 기름 부음은 받았지만, 그 어떤 미래
도 보이지 않았던 암울한 사람들과 암울한 현실 속에 갇혀 살았던 시기였
다. 그때 다윗은 어디에서 시편 57편을 노래하고 있는가? 그 동굴 속에서
다윗은 어떻게 찬양하고 있는가?

그는 마음을 확정하고 "주의 영광이 온 세계 위에 높아지기를 원하나이
다"(시편 57:11)라며 하나님을 찬양하고 있다. 다윗이 그렇게 절망적인 상황
에서도 새벽을 깨우는 인생을 결단하며 하나님의 영광을 노래했다면, 오늘
우리의 여러 가지 어려운 상황들 속에서도 하나님을 찬양할 수 있는 이유
를 생각할 수 있을 것이다. 가장 절망적인 곳에서 가장 영광스러운 노래가
울려 퍼지고 있다. 바울과 실라도 차가운 감옥에서 하나님께 기도하고 찬
양하였다(사도행전 16:25). 이처럼 어디에서 이루어진 일인지 관심을 기울
이고 관찰을 하면 할수록, 성경은 우리에게 더 많은 진리를 알려준다.

4) 언제(When)

'본문의 사건은 언제 일어났는가?'(When did the events in the text take
place?)라는 질문으로, 이는 시간에 관한 질문이다. 마태복음 14장을 예로
살펴보자.

²⁴배가 이미 육지에서 수 리나 떠나서 바람이 거스르므로 물결로 말미 암아 고난을 당하더라 ²⁵밤 사경에 예수께서 바다 위로 걸어서 제자들에게 오시니(마태복음 14:24~25).

Shortly before dawn Jesus went out to them, walking on the lake.
(NIV, Matthew 14:25).

오병이어의 기적 후 예수님께서는 제자들을 재촉하여 배를 타고 건너편으로 가게 하시고, 홀로 산에 오르셨다. 그곳에서 기도하셨는데, 바다가 풍랑이 일어 제자들이 두려워하고 있었다. 성경은 "물결로 말미암아 고난을 당하더라"(마태복음 14:24)고 기록하고 있다. 예수님께서는 바다 위를 걸어서 그 고난의 한가운데에 있는 제자들에게 오셨다. 물 위를 걸어서 오시는 것도 은혜로운 장면이지만, 그 시간을 성경은 "밤 사경"(마태복음 14:25)이라고 묘사하고 있다.

"밤 사경"(마태복음 14:25)은 우리나라 시간으로 새벽 3~6시경을 말한다.《NIV》성경은 "before dawn", 즉 '동이 트기 전'이라고 묘사하였다. 새벽이 가까운 가장 어두운 밤을 말하고, 그 새벽 4시경 모두가 잠든 그 밤에 예수님께서는 당신의 백성들을 위해 물 위를 걸어서 오신 것이다. 졸지도 주무시지도 않으시는 이스라엘의 하나님께서는 아무도 없는 가장 어두운 시간, 가장 힘든 상황에 있을 때 나를 찾아오시는 분이다. 밤 사경이라는 시간에 물 위를 걸어서라도 우리를 위해 오시는 예수님을 생각해보라. 이처럼 본문에서 '언제' 일어난 일인가를 건너뛴다면 귀한 진리를 지나쳐버릴 수도 있다.

5) 왜(Why)

관찰에서 가장 많이 사용되는 도구가 바로 '왜?'라는 질문이다. '왜?'라는 질문에는 끝이 없다. '왜 이 사람이 이렇게 했을까?', '왜 이 사람은 아무 말 하지 않는가?' 등 모든 본문에서 다양하게 던져볼 수 있는 질문이다. 하지만 이유를 묻는 이러한 질문을 던질 때는 두 가지를 염두에 두어야 한다. 첫째는 본문 속에서 이유에 대한 답이 제공되는 것과 둘째는 본문 안에서 그 이유에 대한 답이 제공되지 않을 때이다. 누가복음 15장을 살펴보자.

> [20]이에 일어나서 아버지께로 돌아가니라 아직도 거리가 먼데 아버지가 그를 보고 측은히 여겨 달려가 목을 안고 입을 맞추니 [21]아들이 이르되 아버지 내가 하늘과 아버지께 죄를 지었사오니 지금부터는 아버지의 아들이라 일컬음을 감당하지 못하겠나이다 하나(누가복음 15:20~21).

누가복음 15장은 우리가 잘 아는 소위 말하는 '탕자의 비유'다. 집을 나간 탕자가 허랑방탕하게 살다가 다시 돌아왔을 때, 아들은 아직도 멀리 있는데 아버지는 달려가 아들을 맞이한다. 그리고 그를 용서하고 다시 아들로 삼는다. 아버지를 배신하고 나간 아들을 왜 용서하셨는가?

본문은 그 이유를 "측은히 여겨"(20절), 즉 '아버지의 마음'이라고 분명하게 제시한다. 여기서 '측은하다'라는 표현은 헬라어 단어로, '내장'을 뜻하는 어원을 가진 단어이다. 우리나라 말에 '창자가 끊어지는 아픔'이라는 표현이 있는데, 그 표현과 일맥상통한다.

유진 피터슨은 《메시지》 성경에서 이를 'His heart pounding'이라고 번역하였다. 아버지의 마음이 주체할 수 없이 격동되었다는 것이다. 또한 팀 켈러는 이 본문으로 설교한 자신의 책 제목을 《The prodigal God》(탕부 하나님)이라고 하였다.

결국 둘째 아들의 용서는 그가 돌아왔기 때문이 아니라 아버지의 긍휼하심 때문이었다. 우리의 회개도 마찬가지일 것이다. 우리가 회개했다고 자동으로 용서가 되는 것이 아니다. 하나님은 우리가 회개하면 자동으로 용서해주실 의무가 있으신 분이 아니다. 우리의 회개가 용서를 가져오는 이유는 우리의 회개의 능력이 아니라 하나님의 긍휼하심 때문이다. 이처럼 우리는 '왜?'라는 질문을 던짐으로, 본문 속에서 그 이유를 발견할 수 있게 된다.

하나 더, 요한복음 11장 33~35절을 살펴보자.

> ³³예수께서 그가 우는 것과 또 함께 온 유대인들이 우는 것을 보시고 심령에 비통히 여기시고 불쌍히 여기사 ³⁴이르시되 그를 어디 두었느냐 이르되 주여 와서 보옵소서 하니 ³⁵예수께서 눈물을 흘리시더라(요한복음 11:33~35).

나사로의 죽음 앞에 예수님은 눈물을 흘리셨다. 그런데 여기서 우리가 가지는 의문은 '예수님께서 왜 눈물을 흘리시는가?' 하는 것이다. 왜냐하면 예수님께서는 잠시 후에 나사로를 살리실 것이기 때문이다. 나사로가 무덤에서 부활할 것을 예수님은 이미 아신다. 그런데 왜 지금 우시는 것일까? 이 질문에 대한 답은 요한복음 11장에 나오지 않는다. 본문 속에서 답을 찾지 못하기 때문에 '왜?'라는 질문을 던지지 말아야 하는가? 아니다. 이 본문에서는 말하지 않지만 11장 전체를 통하거나 요한복음 전체, 아니면 성경 전체를 통해 우리는 그 답을 얻을 수 있기 때문이다. 팀 켈러는 이 질문에 대해 다음과 같이 답한다.

예수님은 우리의 슬픔에 동참하십니다. 이처럼 슬픔은 미숙하다거나 연약 하다는 표시가 아닙니다. 예수님을 닮아가는 사람들은 슬픔을 피하지 않 습니다. 그들은 상처 입은 자들의 슬픔에 동참합니다. 그것은 매우 합당한 일입니다.

또 그는 눈물이 없는 진리와 권능의 사역은 예수님의 사역이 아니라고 말한다. 예수님은 일을 수습만 하시는 분이 아니라, 우는 자들과 함께 우시 는 분이라 말한다.[18]

그레이스장로교회 목사이자 커버넌트신학교 학장을 지낸 브라이언 채 플은 예수님 눈물의 의미가 인간이라는 존재 자체의 슬픔이라고 말한다. 하나님과 영원히 살도록 지음 받은 존재이나 죄로 인해 타락하였고, 죽음 앞에서 어쩔 수 없는 인간 존재의 연약함에 대한 연민으로 예수님께서 눈 물을 흘리셨다는 것이다.

우리의 인간성은 머지않아 고통이 끝날 것을 알면서도 그런 고통에 연민 을 느낍니다. 이와 마찬가지로 구세주도 우리의 불행을 이해하시기 때문 에 장차 무슨 일이 일어날지를 알면서도 눈물을 흘리셨습니다.[19]

예수님께서 눈물을 흘리신 이유에 대해 요한복음은 우리에게 명확하게 설명해주지 않지만, 팀 켈러와 브라이언 채플의 해석은 모두 좋은 해석이 라 할 수 있다.

---

18 브라이언 채플, 팀 켈러, 허동원 역,《성도의 불행에 답하다》(지평서원, 2011), pp104~105.
19 Ibid., p132.

이처럼 성경 전체의 교리적 경계를 벗어나지 않는다면, 우리는 다양하게 '왜?'라고 질문을 던지고 그에 대한 답을 찾아갈 수 있다. '왜?'라는 질문은 단순하지만, 그 질문을 던진 우리에게 본문은 다양한 답을 깨닫게 해준다.

6) 어떻게(How)

'어떻게 이 사건이 일어났는가?'(How did this happen in the text?), 즉 '어떤 방법으로 이 일이 처리되었는가?'라는 질문이다. 이러한 질문은 본문에 나타난 '방법'을 알려준다.

> [2]한 나병환자가 나아와 절하며 이르되 주여 원하시면 저를 깨끗하게 하실 수 있나이다 하거늘 [3]예수께서 손을 내밀어 그에게 대시며 이르시되 내가 원하노니 깨끗함을 받으라 하시니 즉시 그의 나병이 깨끗하여진지라(마태복음 8:2~3).

성경을 보면, 예수님께서는 다양한 방법으로 병자들을 고치셨다. 그중 마태복음 8장에 등장한 나병환자를 예수님께서는 말씀이나 진흙이 아닌 "손을 내밀어 그에게 대시며"(3절) 고쳐주셨다. 굳이 손을 대지 않아도 말씀만으로도 충분히 병을 고치실 수 있었지만, 본문의 예수님께서는 손으로 그를 터치하시는 방식으로 고치셨다.

당시 나병환자는 부정한 자로 아무도 그의 곁에 가지도, 만지지도 못 했다. 가족도 함께 있을 수 없는 그 부정한 피부를 가장 거룩하고 선하신 예수님께서 만지신 것이다. 아무도 만질 수 없는, 아무도 만져주지 않았던 그를 예수님께서는 직접 손을 대시며 고치셨다. 이것은 영혼 구원 이상의 전인격적 회복과 정서의 회복까지 고려하시는 예수님의 섬세한 사랑의 표현이었다. 이처럼 본문 안에서 '어떻게'라는 질문을 우리는 잘 활용해야 한다.

더 깊은 '느낌'을 위해

B형 큐티라고 해서 느낀 점을 쓰는 방법이 A형 큐티와 크게 다르지 않다. 다만 A형 큐티와 같이 본문을 그냥 읽은 것이 아니라 '내용관찰'의 과정을 거쳤기에 느낀 점을 쓸 요소들이 많아진다. 요한복음 12장 1~8절로 제시된 B형 큐티의 예를 통해 살펴보자.

본문

¹유월절 엿새 전에 예수께서 베다니에 이르시니 이 곳은 예수께서 죽은 자 가운데서 살리신 나사로가 있는 곳이라 ²거기서 예수를 위하여 잔치할새 마르다는 일을 하고 나사로는 예수와 함께 앉은 자 중에 있더라 ³마리아는 지극히 비싼 향유 곧 순전한 나드 한 근을 가져다가 예수의 발에 붓고 자기 머리털로 그의 발을 닦으니 향유 냄새가 집에 가득하더라 ⁴제자 중 하나로서 예수를 잡아 줄 가룟 유다가 말하되 ⁵이 향유를 어찌하여 삼백 데나리온에 팔아 가난한 자들에게 주지 아니하였느냐 하니 ⁶이렇게 말함은 가난한 자들을 생각함이 아니요 그는 도둑이라 돈궤를 맡고 거기 넣는 것을 훔쳐 감이러라 ⁷예수께서 이르시되 그를 가만 두어 나의 장례할 날을 위하여 그것을 간직하게 하라 ⁸가난한 자들은 항상 너희와 함께 있거니와 나는 항상 있지 아니하리라 하시니라(요한복음 12:1~8).

내용관찰

- 시간: 유월절 엿새 전
- 장소: 나사로의 집
- 무엇을 했는가: 예수님을 위한 잔치
- 마리아가 한 일: 순전한 나드 한 근을 예수님의 발에 붓고 자기 머리털로 닦았다.

- 가룟 유다가 한 일: 왜 향유를 삼백 데나리온에 팔아 가난한 자들에게 주지 않았냐고 마리아를 책망했다. 하지만 그의 본심은 가난한 자들을 향한 것이 아니었다.

느낌

이 잔치는 예수님께서 다시 살리신 나사로가 예수님을 위해 베푼 잔치였다. 생각해 보면 죽었던 나를 살려주신 분께 드리는 것이라면 삼백 데나리온 정도는 아무것도 아닐 수 있겠다는 생각이 든다. 내가 주님께 드리는 것이 아까운 이유는, 결국 내가 주님께서 베푸신 영원한 생명에 대한 감격을 잃어가기 때문이라는 사실을 깨닫는다. 예수님을 위해 베풀어진 잔치에서 예수님께 사랑과 존경을 표하고 있는 마리아에게 탐심을 품고 말하는 가룟 유다의 모습과 같이, 나의 이기심을 먼저 채우려는 마음이 내 안에 도사리고 있지는 않은지 두려운 마음이 든다. 주님께 영광을 돌리기 위해 나는 나의 모든 것을 드릴 자신이 있는지 다시금 반성하게 되었다.

B형 큐티의 한계

B형 큐티는 본문을 '관찰'함으로, A형 큐티보다 훨씬 풍성한 자기 성찰(느낀 점 쓰기)이 가능하다는 장점이 있다. 하지만 성경 묵상을 통해 구체적으로 묵상하는 사람, 즉 나 자신의 삶을 어떻게 변화시킬 것인가에 대해서는 다루지 않기에 이를 통해 구체적으로 삶이 변화되는 체험까지는 나아가지 못하는 아쉬움이 있다.

조나단 에드워즈는 말씀을 통해 은혜를 받은 것처럼 기쁨을 누려도, 그

것이 올바른 열매를 보장하는 것은 아니라고 강조한다.[20] 그러므로 말씀으로 삶의 변화를 꾀하는 데까지 이르기 위해서는 '결단과 적용'을 포함하는 C형 또는 D형 큐티까지 발전해야만 한다.

20 조나단 에드워즈, 정성욱 역,《신앙감정론》(부흥과개혁사, 2005), p224.

✏️ B형 큐티 연습

1. 육하원칙을 적용하여 내용을 능동적으로 관찰하라.

본문	오직 성령이 너희에게 임하시면 너희가 권능을 받고 예루살렘과 온 유대와 사마리아와 땅 끝까지 이르러 내 증인이 되리라 하시니라(사도행전 1:8). "But you will receive power when the Holy Spirit comes on you; and you will be my witnesses in Jerusalem, and in all Judea and Samaria, and to the ends of the earth."(NIV, Acts 1:8)
내용 관찰	

본문

이 율법책을 네 입에서 떠나지 말게 하며 주야로 그것을 묵상하여 그 안에 기록된 대로 다 지켜 행하라 그리하면 네 길이 평탄하게 될 것이며 네가 형통하리라(여호수아 1:8).

This Book of the Law shall not depart from your mouth, but you shall meditate on it day and night, so that you may be careful to do according to all that is written in it. For then you will make your way prosperous, and then you will have good success(ESV, Joshua 1:8)

내용
관찰

본문	¹그 때에 제자가 더 많아졌는데 헬라파 유대인들이 자기의 과부들이 매일의 구제에 빠지므로 히브리파 사람을 원망하니 ²열두 사도가 모든 제자를 불러 이르되 우리가 하나님의 말씀을 제쳐 놓고 접대를 일삼는 것이 마땅하지 아니하니 ³형제들아 너희 가운데서 성령과 지혜가 충만하여 칭찬 받는 사람 일곱을 택하라 우리가 이 일을 그들에게 맡기고 ⁴우리는 오로지 기도하는 일과 말씀 사역에 힘쓰리라 하니 ⁵온 무리가 이 말을 기뻐하여 믿음과 성령이 충만한 사람 스데반과 또 빌립과 브로고로와 니가노르와 디몬과 바메나와 유대교에 입교했던 안디옥 사람 니골라를 택하여 ⁶사도들 앞에 세우니 사도들이 기도하고 그들에게 안수하니라 ⁷하나님의 말씀이 점점 왕성하여 예루살렘에 있는 제자의 수가 더 심히 많아지고 허다한 제사장의 무리도 이 도에 복종하니라(사도행전 6:1~7).
내용 관찰	

2. 다양한 번역본을 참고하여 내용을 관찰하라.

본문

¹그러므로 우리가 믿음으로 의롭다 하심을 받았으니 우리 주 예수 그리스도로 말미암아 하나님과 화평을 누리자 ²또한 그로 말미암아 우리가 믿음으로 서 있는 이 은혜에 들어감을 얻었으며 하나님의 영광을 바라고 즐거워하느니라 ³다만 이뿐 아니라 우리가 환난 중에도 즐거워하나니 이는 환난은 인내를, ⁴인내는 연단을, 연단은 소망을 이루는 줄 앎이로다 ⁵소망이 우리를 부끄럽게 하지 아니함은 우리에게 주신 성령으로 말미암아 하나님의 사랑이 우리 마음에 부은 바 됨이니 ⁶우리가 아직 연약할 때에 기약대로 그리스도께서 경건하지 않은 자를 위하여 죽으셨도다(로마서 5:1~6).

¹Therefore, since we have been justified through faith, wehave peace with God through our Lord Jesus Christ, ²through whom we have gained access by faith into this grace in which we now stand. And we rejoice in the hope of the glory of God. ³Not only so, but we also rejoice in our sufferings, because we know that suffering produces perseverance; ⁴perseverance, character; and character, hope. ⁵And hope does not disappoint us, because God has poured out his love into our hearts by the Holy Spirit, whom he has given us. ⁶You see, at just the right time, when we were still powerless, Christ died for the ungodly.(NIV, Romans 5:1~6)

¹그러므로 우리는 믿음으로 의롭다 하심을 받았으므로, 우리 주 예수 그리스도로 말미암아 하나님과 더불어 평화를 누리고 있습니다. ²우리는 또한, 그리스도로 말미암아 지금 서 있는 이 은혜의 자리에 [믿음으로] 나아오게 되었으며, 하나님의 영광에 이르게 될 소망을 품고 자랑을 합니다. ³그뿐만 아니라, 우리는 환난을 자랑합니다. 우리가 알기로, 환난은 인내력을 낳고,

⁴인내력은 단련된 인격을 낳고, 단련된 인격은 희망을 낳는 줄을 알고 있기 때문입니다. ⁵이 희망은 우리를 실망시키지 않습니다. 하나님께서 우리에게 주신 성령을 통하여 그의 사랑을 우리 마음 속에 부어 주셨기 때문입니다. ⁶우리가 아직 약할 때에, 그리스도께서는 제 때에, 경건하지 않은 사람을 위하여 죽으셨습니다.(표준새번역, 로마서 5:1~6)

내용
관찰

C형
큐티

· 큐티의 중급 단계
· 본문을 '관찰'하고, '느낌'을 기록하며, '결단과 적용'을 하는 방법
· 한국 교회 대부분의 성도가 큐티 하는 방식

	내용관찰	연구와 묵상	느낌	결단과 적용
A형 큐티			●	
B형 큐티	●		●	
C형 큐티	●		●	●
D형 큐티	●	●	●	●

C형 큐티란?

　C형 큐티는 한국 교회 대부분의 사람이 하는 큐티라 생각하면 이해가 쉽다. C형 큐티는 내용관찰, 느낌, 결단과 적용으로 이루어져 있는데, 앞서 배운 A형과 B형 큐티와 가장 큰 차이가 바로 '결단과 적용'이다.

　결단과 적용은 본문을 관찰하고 개인이 성찰한 느낌을 나 자신의 인격과 삶에 연결하는 작업이다. 이는 하나님의 말씀이 우리의 삶을 구체적으로 변화시키는 역사를 경험하는 것이며, 그로 인한 치열한 영적 전투가 일어나는 자리이기도 하다.

　결단과 적용은 내용관찰과 느낌에서 깨달은 과정을 나 자신의 삶에서 구체적인 행동으로 옮기는 과정이기에, 사람들은 큐티 훈련 중 가장 힘들어 한다. 이론으로는 이해가 되나 실천으로 옮겨지지 않기 때문이다. 즉, 말씀의 권능과 순종하기 싫어하는 죄성이 가장 강력하게 충돌하는 지점이 바로 '결단과 적용'이다.

너희는 말씀을 행하는 자가 되고 듣기만 하여 자신을 속이는 자가 되지 말라(야고보서 1:22).

성경은 말씀을 행하지 않고 듣기만 하는 사람을 가리켜 "자신을 속이는 자"라고 말한다. 적용이 없을 때 우리는 나 자신을 속이게 된다. 왜냐하면 행하지 않으면서 마치 자신이 행하는 사람인 것과 같은 착각을 하기 때문이다. 많이 안다고 해도 그것이 삶으로 연결되지 않으면 교만해지고, 이러한 교만을 성경은 순종하지 않는 지식에서 오는 것이라 말한다. 결국 적용이 없으면 교만을 극복할 수가 없다.

결단과 적용의 방법

1. 결단과 적용의 중요성

앞서 말했듯 결단과 적용은 '내용관찰-느낌-[연구와 묵상]'에서 깨달은 과정을 나 자신의 삶에서 구체적인 행동으로 옮기는 과정을 말한다. 단순히 적용이라고 하지 않고 '결단과 적용'이라고 구분한 것은, '결단'은 태도의 변화를 말하고 '적용'은 행동의 변화를 말하기 때문이다. 결단은 깨달은 진리를 실천할 수 있는 목표로 설정하는 과정이다. 목표를 설정하는 과정이 있을 때 평가할 수 있기 때문이다. 또 적용은 결단한 목표를 실천하기 위해 행동으로 옮기는 것을 말한다.

예를 들어, 아이들에게 더 좋은 아빠가 되기로 결단했다고 가정하자. 그러면 당신은 그 결단한 목표를 달성하기 위해 계획을 세울 것이다. 만약 아이들이 피자를 좋아한다면, 언제 어디서 어떤 피자를 먹을지를 고민한다. 그리고 피자를 먹으면서 어떤 대화를 할지, 그 주제에 대해서도 생각할 것이다. 이 모든 것이 '결단'에 해당한다. 그리고 이 결단을 실행에 옮길 때 '적용'이 되며, 지속적이고 반복적인 적용을 했다면 체크리스트를 통해 평가해보는 것도 좋다.

하워드 헨드릭스는 적용의 중요성을 다음과 같이 생생하게 묘사하였다.

> 성경을 관찰하고 해석은 하지만 적용을 빼먹는다면, 그것은 성경이 주어진 목적에 비추어 볼 때 성경에 낙태 수술을 가하는 것과 같다. 성경은 결코 우리의 호기심이나 만족시키기 위해 쓰인 것이 아니다. 우리의 생활을 변화시키기 위해 쓰였다. 그러므로 성경 공부의 궁극적 목적은 내가 성경을 가지고 '무엇을 하는' 것이 아니라, 성경이 '나에게 무엇을 하도록 하는' 것에 있다. 그렇게 함으로 성경의 진리가 우리가 살아가는 삶 속에서 눈에 띄게 될 것이다.[21]

2. 적용을 돕는 도구들

1) 다양한 영역에 적용하라

큐티를 하면서 막상 적용하려고 하면 막막할 때가 있다. 그래서 '적용의 틀'을 가지고 있는 것이 좋다. 적용의 틀이라는 것은 말 그대로 내가 적용할 수 있는 영역을 미리 정해놓는 것이다. 예를 들어 '신체적-정서적-영적'이라고 나누어 적용하든지, 아니면 '가정생활-교회생활-직장생활-사회생활'로 나누어 적용할 내가 속한 영역을 미리 만들어 놓는 것이다.[22]

---

21 하워드 헨드릭스, 정현 역, 《삶을 변화시키는 성경 연구》(디모데, 2003), p368.
22 송인규, 《성경 어떻게 적용할 것인가?》(성서유니온, 2011), pp180~181.

2) 루이스 베일리의 경건 실천

청교도 시대에 가장 대표적인 경건 생활 지침서였던 루이스 베일리의 《경건의 훈련》에는 적용을 돕는 몇 가지 질문들을 소개하고 있다.

지침1: 선한 행실과 거룩한 삶을 위한 좋은 충고나 권고가 있는가?

지침2: 이런저런 죄에 대한 두려운 심판은 무엇인가?

지침3: 인내, 순결, 자비, 구제 등 열심히 하나님을 섬기는 것, 사랑, 믿음 하나님을 신뢰하는 것, 기타 그리스도인의 미덕에 대해 하나님께서 약속하신 복은 무엇인가?

3) S-P-A-C-E-P-E-T-S

영어권의 사람들이 자주 사용하는 적용의 도구인데, S-P-A-C-E-P-E-T-S는 '우주의 애완동물'이라고 불리는 방법이다.

S: 고백할 죄(Sin)가 있는가?

P: 주장할 약속(Promise)이 있는가?

A: 변화시킬 태도(Attitude)가 있는가?

C: 순종할 명령(Command)이 있는가?

E: 따라야 할 본보기(Example)가 있는가?

P: 간구해야 할 기도(Prayer)가 있는가?

E: 잘못 생각하고 있었던 오류(Error)가 있는가?

T: 새롭게 배운 하나님과 인간과 세상에 대한 진리(Truth)가 있는가?

S: 하나님께 찬양하고 감사할 근거(Something)가 있는가?[23]

23　릭 워렌, 김창동 역, 《개인 성경 연구》(디모데, 2006), p43에 나오는 내용을 각색하였다.

4) 적용의 5P

적용을 위한 5P는 다음과 같다.

① Personal: 개인적이어야 한다

다른 사람을 향한 적용이 아닌 나 자신에게 적용하는 것이 좋다. 예를 들어, '우리 남편이 그렇게 해야 해!'라는 것은 개인적이지 않은 적용이다.

② Practical: 실제적이어야 한다

'기도를 열심히 하자'라는 적용보다는 '저녁에 잠들기 전에 기도하자' 또는 '아침에 출근을 일찍 하여 15분 기도하자' 등이 좋다.

③ Possible: 실천 가능해야 한다

평소 10분도 기도하지 않는 사람이 '매일 3시간씩 기도하겠다'라는 것은 아무리 다짐해도 실천할 수 있지 않을 것이다. 지속해서 실천 가능한 적용이 좋다.

④ Progressive: 점진적이어야 한다

사람의 변화는 하루아침에 이루어지지 않는다. 너무 과도하고 무리한 적용이 아닌, 조금씩 나아지기 위한 계획이 있는 적용이 좋다.

⑤ Provable: 평가 가능해야 한다

지속적인 적용을 했지만, 나중에 평가할 수 없다면 작심삼일로 끝날 수 있다. 평가할 수 있는 적용을 계획하고 체크하는 것이 좋다.[24]

릭 워렌은《개인 성경 연구》에서 적용을 돕기 위해, 전도서 6장 7절을 가지고 재미있는 적용의 예를 소개한다.

---

24 양승언,《영적성장의 길 인도자용》(디모데, 2017), p55.

본문	사람의 수고는 다 자기의 입을 위함이나 그 식욕은 채울 수 없느니라 (전도서 6:7).
결단과 적용	① 개인적인 것(Personal): "내가 필요한 것은" ② 실제적인 것(Practical): "나는 몸무게를 좀 줄여야겠다." ③ 실천 가능한 것(Possible): "난 몸무게를 6kg 줄여야겠다." ④ 점진적인 것(Progressive): "난 매달 2kg씩 줄여서 석 달 뒤에 6kg 줄여야겠다." ⑤ 평가 가능한 것(Provable): "이번 달 말까지 2kg 줄여야겠다."[25]

3. 적용에서의 유의점

적용할 때에는 다음과 같은 사항에 유의해야 한다.

1) 한계를 벗어나는 적용

우리가 쉽게 실수하는 적절하지 않은 적용이 있다. 그것은 바로 한계를 벗어나는 무리한 적용이다. 예를 들어 '오늘부터 매일 3시간 이상 기도하겠다'라는 적용을 말한다. 얼핏 보면 누가, 언제, 어디서, 무엇을, 어떻게 해야 할지가 명확해 적용으로 큰 문제가 없어 보인다. 그러나 무리한 적용은 하루, 이틀 정도는 실천할 수 있을지 모르지만, 지속해서 실천하지 못하게 된다. 이는 결국 실천하지 못할 적용이 되고 만다.

2) 변화를 일으키지 않는 적용

말씀을 적용한다고 하면서, 매일 또는 매주 이미 실천하고 있는 것으로 적용하는 경우가 있다. 예를 들어 매주 예배를 빠지지 않으면서도 '매주 예

---

25 릭 워렌, 김창동 역, 《개인 성경 연구》(디모데, 2006), p44에 나오는 내용을 각색하였다.

배 가운데 은혜를 사모하는 마음으로 참석하자'라고 적용을 하거나, 직장에 지각하지 않으면서 '매일 아침 서두르지 않고 출근할 수 있도록 준비하자'는 적용을 하는 경우이다.

또한 '말씀을 읽자', '기도를 하자'와 같은 적용도 마찬가지다. 이미 큐티를 하는 생활 자체가 말씀을 읽고 기도를 하는 것인데, 그것을 실천하고 적용하겠다는 것은 결국 변화하지 않겠다는 말과 같다. 사람은 누구나 자신이 지금까지 살아온 방식을 바꾸기 싫어한다. '이미 하던 일 그대로 하기'에 머무르고자 한다. 따라서 이러한 적용은 의식적으로 피해야 한다.

결단과 적용의 좋은 예

- 바울이 복음을 부끄러워하지 않았듯, 나도 복음을 부끄러워하지 않고 전하는 사람으로 변화되어야겠다(결단). 오늘 직장에서 점심을 먹으며 교회에 다니지 않는 동료에게 내가 아이를 위해 기도하여 응답받았던 것을 자연스럽게 이야기하며 전도를 시도해봐야겠다(적용). (또는) 예전에 선교사로 헌신한 친구 ○○(이)를 보면서, 혹여나 나에게 도와달라고 할까 봐 마음이 편치 않았던 것이 부끄러웠다. 오늘이라도 그 친구가 어떻게 사역하고 있는지 알아보고, 선교헌금 ○○○○원이라도 보내야겠다.
- 예수님의 제자답게 세상에서 빛과 소금으로 살아가는 사명을 조금이라도 감당해 보겠다(결단). 회사 회식 때 술 문화에 대해서 지금까지 아무 말도 하고 있지 않았던 것은 문제가 있다. 술을 너무 많이 마시고 주변에 권하는 박 과장에게 그러지 말라는 이야기를 해야겠다(적용).

결단과 적용의 나쁜 예

- 나도 동역자를 두도록 노력해야겠다. 그리고 나도 누군가에게 좋은 동역자가 되도록 노력하겠다.
- 나는 오늘부터 매일 아침 무릎 꿇고 기도하겠다.
- 매 주일 예배 가운데 더 큰 은혜를 사모하겠다.

3) 너무 개인주의적인 방향으로만 설정된 적용

송인규 교수는 큐티의 문제점을 보완하기 위해서는 '공동체적 적용'이 있어야 함을 강조하였다. 지금 한국 교회는 무(無)집단주의, 반(反)권위주의, 과(過)자아주의로 나아가는 경향이 있는데 이러한 경향이 편만한 가운데 개인적인 적용이 강한 큐티가 강조되고 실현되면 위의 세 가지 태도를 나 자신도 모르는 사이에 악화하는 것을 부추기는 셈이 된다는 것이다. 그러면서 미래에는 교회라는 공동체를 점점 더 부정적으로 대할 것이라는 우려를 나타내었다. 그래서 개인적인 큐티를 강조하면서도 교회의 유기적, 그리고 조직적인 측면을 동시에 강조해야 한다고 말하였다.[26]

또 성경을 보면 대부분 개인에게 주신 약속이 아니라 이스라엘이라는 공동체, 즉 교회에 주신 약속임을 알 수 있다. 모세오경에 나오는 다양한 율법들도 모두 한 개인에게 주신 것이 아니라 하나님의 백성인 공동체에 주어진 내용임을 명심해야 한다. 신약에서 바울 서신도 대부분 개인에게 보낸 것이 아니라 교회에 보낸 편지였다. 그래서 적용을 할 때는 개인적인 적용도 좋지만, 공동체 안에서의 적용도 필요하다.

> [37]예수께서 이르시되 네 마음을 다하고 목숨을 다하고 뜻을 다하여 주 너의 하나님을 사랑하라 하셨으니 [38]이것이 크고 첫째 되는 계명이요 [39]둘째도 그와 같으니 네 이웃을 네 자신 같이 사랑하라 하셨으니 [40]이 두 계명이 온 율법과 선지자의 강령이니라(마태복음 22:37~40).

예수님께서는 모든 율법을 두 가지로 요약하셨다. 하나는 하나님 사랑이요, 다른 하나는 이웃 사랑이다. 예수님께서는 이 두 계명이 온 율법과 선

---

26 송인규, 《한국 교회 큐티 운동 다시 보기》(IVP, 2015), p220.

지자의 '강령'이라 말씀하셨다. 여기서 강령(綱領)은 '어떤 일에 기본이 되는 큰 줄거리'라는 의미가 있다. 《NIV》 성경에는 "hang"으로, 《바른 성경》에는 "온 율법과 선지자들이 이 두 계명에 달려 있다"라고 번역되어 있다. 다시 말해, 전 율법의 계명이 하나님 사랑과 이웃 사랑에 걸려 있다는 것이다. 따라서 우리는 모든 말씀의 적용을 하나님 사랑과 이웃 사랑으로 흘러가게 해야지, 단순히 개인의 적용에만 머물게 해서는 안 된다. 아우구스티누스도 《기독교 교양》에서 성경을 읽는 목적은 하나님과 이웃에 대한 사랑임을 강조하였다.

> 성경이나 성경의 일부를 이해한다고 생각하면서 하나님과 이웃에 대한 이중의 사랑을 육성하는 데 이바지하지 않는 해석을 하는 사람은 아직 성경을 바르게 이해하지 못한 것이다.

우리가 성경을 관찰하고 적용하는 목적은 나 자신만이 아니라 하나님과 이웃 사랑으로 흘러가야 한다.[27]

더 깊은 '내용관찰'을 위해

B형 큐티에서 '관찰'이 육하원칙에 따라 좀 더 집중해서 보는 것이었다면, C형 큐티에서의 '관찰'은 문맥에 따라 좀 더 정확하게 관찰의 범위를 넓히는 것이다.

---

27 아우구스티누스, 김종흡 역, 《기독교 교양》 (크리스천다이제스트, 2017), p61.

1. 문맥을 따라 관찰하라

침례신학대학원에서 성서 강해를 가르치는 안진섭 교수는 성경을 해석할 때 제일 중요한 요소가 무엇이냐고 묻는다면 조금도 망설이지 않고 '문맥'이라고 대답할 것이라고 하였다.[28]

리디머신학교 교수인 싱클레어 퍼거슨도 성경 해석의 첫 번째 열쇠는 '문맥'이라 말하며, 문맥 안에서 읽어야 모든 본문이 명료해진다고 하였다.

> [19]너희를 넘겨 줄 때에 어떻게 또는 무엇을 말할까 염려하지 말라 그 때에 너희에게 할 말을 주시리니 [20]말하는 이는 너희가 아니라 너희 속에서 말씀하시는 이 곧 너희 아버지의 성령이시니라 (마태복음 10:19~20).

한 예로, 어느 목회자가 설교 준비에 부담을 많이 느꼈는데 이 구절을 묵상하면서 설교 준비 없이 그냥 강대상에 올라가기만 하면 성령께서 할 말을 가르쳐 주실 것이라는 은혜를 받았다고 가정해보라. 당신은 그의 해석을 인정할 수 있겠는가? 고난의 상황, 핍박의 상황 속에서 주신 본문을 문맥과 상관없이 읽게 되면, 이처럼 게으른 설교자에게 위로가 되는 구절로 둔갑할 수 있음을 잊지 말자.[29]

2. 문법적 도구들을 활용하라

성경은 무오한 하나님의 말씀이지만 인간의 언어로 기록되었기에 문법적으로 해석되지 않으면 안 된다.[30] 그렇다고 하여 단순히 국어를 공부하듯, 성경을 공부하라는 말은 아니다.

---

28 안진섭,《설교자가 설교자에게 전하는 실제적인 성서해석학》(그리심어소시에이츠, 2014), p89.

29 길성남,《성경이 무엇을 말하느냐》(성서유니온, 2014), p187.

30 루이스 벌코프, 박문재 역,《성경 해석학》(크리스천다이제스트, 2008), p69.

존 스토트는 문법적으로 성경을 관찰하면서 동시에 하나님을 예배할 수 있다고 말한다.

> 성경은 인간의 말이기에, 우리는 다른 책과 똑같은 방법으로 성경을 연구해야 합니다. 지성을 사용하여 성경의 단어와 구문을 분석하고, 역사적 기원을 찾으며, 문학적 구성을 살펴야 합니다. 동시에 성경은 하나님의 말씀이기에, 다른 책과는 구별된 방법으로 연구해야 합니다. 겸손히 무릎을 꿇고 하나님께 성령의 조명과 일하심을 구하며 부르짖어야 합니다. 우리는 성령님의 도움이 없이는 하나님의 말씀을 깨닫지 못합니다.[31]

1) 주어를 파악하라

> 대답하여 이르시되 천국의 비밀을 아는 것이 너희에게는 허락되었으나 그들에게는 아니되었나니(마태복음 13:11).

성경을 관찰할 때 주어를 찾는 것은 지금 말하는 화자가 누구인지를 찾는 것이다. 주어를 오해하면 전혀 다른 뜻이 된다. 또 주어가 인칭대명사로 되어 있을 때는 앞의 구절을 소급하여 그 인칭대명사가 누구를 가리키는지를 반드시 확인해야 한다. 마태복음 13장 11절에서 "너희"는 일차적으로 예수님의 제자들을 가리키는 말이고, "그들"은 믿음 없이 단순한 호기심으로 온 무리를 지칭하는 말이다. 좀 더 확장해서 이해하면 "너희"는 선택받은 하나님의 백성을 지칭하는 말이고, "그들"은 믿지 않는 사람들과 복음에 적대감을 가진 사람들을 지칭하는 말이다.[32]

---

31 존 스토트, 박지우 역,《성경이란 무엇인가》(IVP, 2015), p28.
32 Daniel M. doriani,《Mattnew: Reformed Expository Commentary》(P&R Publishing, 2008), p549.

2) 동사에 집중하라

성경은 히브리어와 헬라어로 기록되었는데, 모두 동사가 발달하여 있다. 특히 구약 히브리어 성경은 23,000절 정도로 구성되어 있는데, 약 72,000개의 동사를 발견할 수 있다. 성경 한 절당 약 세 개의 동사가 들어있던 셈이다.[33] 성경은 왜 이렇게 많은 동사가 사용되었을까?

성경은 하나님이 누구시고, 그분이 어떤 일을 행하셨는지를 기록한 책이다. 따라서 역동적이며, 당신의 백성들을 위해서 움직이시는 하나님의 역사를 표현하기 위해 동사를 많이 사용한 것 같다. 그래서 성경을 볼 때 우리는 동사에 집중해야 하며, 동사의 수, 태, 시제 등을 고려하면 더 많은 깨달음을 얻을 수 있다.

> 술 취하지 말라 이는 방탕한 것이니 오직 성령으로 충만함을 받으라(에베소서 5:18).

> And do not get drunk with wine, for that is dissipation, but be filled with the Spirit.(NASB, Ephesians 5:18)

에베소서 5장 18절을 보라. 여기서 우리는 동사를 통해 두 가지 정보를 얻을 수 있다. 첫째는 동사의 시제가 '현재'라는 것이고, 둘째는 동사의 태가 '수동태'라는 것이다. 시제가 현재라는 성령 충만이 한 번의 사건이 아니라 지속해서 계속되어야 하는 상태임을 알려주고, 태가 수동태라는 것은 성령 충만의 주체는 성령님이시지 인간이 아님을 보여준다. 다시 말해, 성

---

33   게리 프라티코, 마일스 반펠트, 변순복 역, 《베이직 비블리칼 히브리어》(대서, 2009), p154.

령 충만은 성령께서 주도적으로 행하시는 사역이라는 것이다.[34] 다만 유의해야 할 것은 한글 성경에 동사로 표시되어 있지만 실제로는 동사가 아닌 경우가 종종 있다.

> [19]그러므로 너희는 가서 모든 민족을 제자로 삼아 아버지와 아들과 성령의 이름으로 세례를 베풀고 [20]내가 너희에게 분부한 모든 것을 가르쳐 지키게 하라 볼지어다 내가 세상 끝날까지 너희와 항상 함께 있으리라 하시니라(마태복음 28:19~20).

> [19]having gone, then, disciple all the nations, (baptizing them — to the name of the Father, and of the Son, and of the Holy Spirit, [20]teaching them to observe all, whatever I did command you,) and lo, I am with you all the days -- till the full end of the age.(YLT, Matthew 28:19~20)

제자훈련의 근간이 되는 마태복음 28장 19~20절의 대위임령을 보면, 한글 성경에는 동사(가다, 삼다, 세례를 주다, 가르치다, 지키게 하다)가 많이 사용된 것처럼 보인다. 그러나 《YLT》 성경을 보면 '제자로 삼는 것'이라는 동사 외에 나머지는 다 분사로 되어 있는 것을 알 수 있다. 가고, 가르치고, 세례를 주는 모든 행동은 제자로 삼는 방법들을 표현한 것뿐이다.[35] 따라서 이 구절은 전도와 세례와 훈련과 교육과 실천이라는 각 항목을 하나씩 나열한 것이 아닌 '제자로 삼는 것'을 중심으로 이야기한 것임을 알게 된다.

---

34 안진섭,《설교자가 설교자에게 전하는 실제적인 성서해석학》(그리심어소시에이츠, 2014), pp120~122.
35 로버트 콜먼, 홍성철 역,《주님의 전도 계획》(생명의말씀사, 2000), p110.

3) 접속사에 유의하라

접속사는 성경 관찰에 아주 중요한 도구이나 한글 성경에는 접속사가 명확하지 않은 경우가 많다. 아마도 대부분의 글쓰기 책에서 접속사가 없으면 없을수록 좋은 문장이라고 말하기 때문일 것이다.[36] 그래서 접속사를 자세히 살펴려면 영어 성경을 함께 보는 것이 좋다.

접속사를 관찰할 때는 두 가지를 생각해야 한다. 하나는 한글 성경과 접속사와 뜻이 다른 경우다. 그리고 다른 하나는 한글 성경에 빠져 있지만, 접속사가 있는 경우다.

> [22]오직 성령의 열매는 사랑과 희락과 화평과 오래 참음과 자비와 양선과 충성과 [23]온유와 절제니 이같은 것을 금지할 법이 없느니라(갈라디아서 5:22~23).

> [22]But the fruit of the Spirit is love, joy, peace, patience, kindness, goodness, faithfulness, [23]gentleness, self-control; against such things there is no law.(ESV, Galatians 5:22~23)

22절에서 말하는 '오직'은 역접 'But'으로, '그러나'의 뜻으로 사용되었다. 이것은 본문 위의 구절 "육체의 일은 분명하니 곧 음행과 더러운 것과 호색과"(19절) 의도적으로 대조된다는 것을 알려준다. 즉 바울은 성령의 열매를 육체의 열매와 대조시키고 있다. 결국 육체의 열매가 인간에게 자연스럽게 열리는 본성의 열매라면, 성령의 열매는 인간의 노력으로 도달하는 영역이

---

36 고종석, 《고종석의 문장》(알마, 2014), p116.

아닌 성령님이 주시는 초자연적 기원이라는 것이다.[37]

> [4]감사함으로 그의 문에 들어가며 찬송함으로 그의 궁정에 들어가서 그에게 감사하며 그의 이름을 송축할지어다 [5]여호와는 선하시니 그의 인자하심이 영원하고 그의 성실하심이 대대에 이르리로다(시편 100:4~5).

> [4]Enter his gates with thanksgiving, and his courts with praise! Give thanks to him; bless his name! [5]For the LORD is good; his steadfast love endures forever, and his faithfulness to all generations.(ESV, Psalm 100:4~5)

한글 성경을 보면, 시편 100편 4~5절 사이에 접속사가 없다. 4절은 "송축할지어다"로 끝나고, 5절은 "여호와는"이라는 주어로 시작하기 때문이다. 하지만《ESV》성경을 보면, 5절이 'For'로 시작하는 것을 볼 수 있다. 접속사로 사용되는 'For'는 '~ 때문에' 정도로 해석되는데, 이 접속사로 인해 4절과 5절이 연결되어 있다는 것을 알 수 있다. 접속사가 없다면 단순히 하나님을 찬양하고 송축하라는 명령처럼 들릴 수가 있다. 그러나 접속사 'For'와 함께 해석하면, 하나님은 선하시기에 우리는 송축하고 찬양해야 한다는 뜻이 된다. 이미 우리에게 행하신 하나님의 역사와 은혜에 대한 자연스러운 반응이 바로 우리의 찬양이라는 것이다.

---

37 존 스토트, 김현회 역,《성령 세례와 충만》(IVP, 2002), p.96.

4) 인과관계를 살피라

인과관계를 살피라는 말은 문자 그대로 원인과 결과를 살피라는 말이다. 각 단어와 문장을 관찰하는 것도 중요하지만, 문맥 속에서 전체를 어떻게 이해하는지가 더 중요하다. 하워드 헨드릭스는 이것을 당구에 비유했다.

당구봉을 가지고 하얀 공을 때린다. (이것은 원인에 해당한다.)
그렇게 해서 빨간 공을 맞히는 것이다. (이것이 결과에 해당한다.)

[1]사울은 그가 죽임 당함을 마땅히 여기더라 그 날에 예루살렘에 있는 교회에 큰 박해가 있어 사도 외에는 다 유대와 사마리아 모든 땅으로 흩어지니라 [2]경건한 사람들이 스데반을 장사하고 위하여 크게 울더라 [3]사울이 교회를 잔멸할새 각 집에 들어가 남녀를 끌어다가 옥에 넘기니라 [4]그 흩어진 사람들이 두루 다니며 복음의 말씀을 전할새(사도행전 8:1~4).

1절은 스데반이 순교했고, 그날에 예루살렘 교회에는 큰 핍박이 일어났다는 원인을 기록하고 있다. 그 핍박은 어떤 결과를 가져왔는가? 흩어진 사람들이 두루 다니며 복음을 전하는 결과를 가져오게 되었다. 핍박과 고난이 더 큰 축복으로 돌아온 것이다. 이런 인과관계를 자세히 살피면 고난의 의미가 다르게 보일 수 있다.[38]

[7]구하라 그리하면 너희에게 주실 것이요 찾으라 그리하면 찾아낼 것이요 문을 두드리라 그리하면 너희에게 열릴 것이니 [8]구하는 이마다 받을

---

38 하워드 헨드릭스, 정현 역, 《삶을 변화시키는 성경 연구》(디모데, 2003), p208.

것이요 찾는 이는 찾아낼 것이요 두드리는 이에게는 열릴 것이니라 [9]너희 중에 누가 아들이 떡을 달라 하는데 돌을 주며 [10]생선을 달라 하는데 뱀을 줄 사람이 있겠느냐 [11]너희가 악한 자라도 좋은 것으로 자식에게 줄 줄 알거든 하물며 하늘에 계신 너희 아버지께서 구하는 자에게 좋은 것으로 주시지 않겠느냐 [12]그러므로 무엇이든지 남에게 대접을 받고자 하는 대로 너희도 남을 대접하라 이것이 율법이요 선지자니라(마태복음 7:7~12).

All things therefore whatsoever ye would that men should do unto you, even so do ye also unto them: for this is the law and the prophets.(ASV, Matthew 7:12)

12절의 '그러므로'라는 말은 결론을 이야기하는 접속사이다. 존 파이퍼는 성경에서 '그러므로'라는 단어가 나올 때마다 전제가 결론으로 이어진다고 확신해도 좋다고 말한다. 그렇다면 본문에서 '구하고, 찾고, 두드리라'는 '기도하라'는 말씀과 마지막 '그러므로' 남에게 대접을 받고자 하는 대로 남을 대접하라는 황금률과는 어떤 인과관계가 있을까? 존 파이퍼의 결론을 들어보자.

나는 다음과 같이 생각하고 기도하며 본문을 읽었다. (내가 무조건 옳다는 뜻은 아니다.) 내가 대접받고 싶은 그대로 다른 사람들을 대접하기란 쉽지 않다. 그러면 자기를 적잖게 부정해야 한다. 내가 당장 누리는 편안함과 즐거움보다 타인의 유익을 위에 두어야 한다는 뜻이다. …… 너희는 하늘에 계신 아버지가 있다. 기도하면 필요를 공급해 주실 것이다. 그분이 너희를 도우실 것이다. 그분은 너희에게 돌이나 뱀을 주지 않으신다. 그분은 강하

고 지혜로우며 너희가 이웃을 사랑할 때 너희의 편이 되어 주신다. 그러므
로 그분을 신뢰하고 위험을 감수해라. 누군가 너희에게 해주길 바라는 그
대로 그에게 해주어라.[39]

존 파이퍼는 '그러므로'라는 단어를 통해 우리의 기도를 응답하시는 하
나님이 계시니 이웃을 향해 사랑으로 모험하라고 말한다. 이렇게 인과관계
를 생각하는 것은 성경을 관찰하고 해석하는 데 너무나 중요한 도구다. 우
리가 생각할 때 하나님은 총명을 주신다.

3. 질문을 던지라

성경을 읽으면서 질문을 던진다는 것은, 하나님과 쌍방향으로 대화하는
것이라 할 수 있다. 우리는 성경 본문을 읽으면서 하나님께 질문하고, 하나
님은 본문 안에서 성령의 조명으로 우리에게 깨달음을 통해 답을 주시기
때문이다. 퓨리턴리폼드신학교의 학장이자 청교도 연구가인 조엘 비키는
성경 자체는 은혜의 통로일 뿐이고 성경 읽기를 통해 하나님과 쌍방향으로
교제해야 함을 강조하였다.

> 우리의 목적은 성경을 읽는 것, 그 자체가 아니라 하나님과 교제를 나누기
> 위함이다. 성경을 읽는데도 하나님과 나누는 교제가 없다면, 그 성경 읽기
> 는 실패한 것이다. 우리는 하나님과 교제를 나누기 위해 성경을 읽는 것이
> 지 그저 〈성경읽기표〉를 채우려고 성경을 읽는 것이 아니다.[40]

---

39 존 파이퍼, 전의우 역, 《존 파이퍼의 생각하라》(IVP, 2010), pp59~60.
40 조엘 비키, 이대은 역, 《성경, 어떻게 읽어야 하는가?》(생명의말씀사, 2014), p25.

어떤 질문이라도 괜찮다. 성경은 진리이기에 우리의 질문에 숨지 않는다. 그리고 오늘 그 질문에 답을 찾지 못했더라도, 계속해 그 질문을 묵상하다 보면 시간이 지나서 깨달아지는 경우도 많다. 모티머 애들러의《독서의 기술》에서 독서란 수동적인 행위가 아닌 능동적인 행위라고 하였다. 책의 내용을 분석적으로 읽으며 적극적으로 질문을 던질 때 책에서 더 많은 내용을 발견할 수 있게 된다고 말이다.

능동적으로 읽는다는 것은 한마디로 이런 것이다.
"스스로 답을 찾아야 할 질문을 던지며 읽어 내려가라."[41]

더 깊은 '느낌'을 위해

A형과 B형 큐티에서 '느낌'은 단순히 성경을 읽고 마음에 부딪치는 것을 기록하는 것이었다면, C형 큐티에서는 더욱 풍성해진 '내용관찰'을 통해 느끼는 과정이다. 그러기 위해서는 발견된 진리들을 충분히 기도 속에 적셔야 하는데, 이는 지적 깨달음을 정서적 확신으로 자리 잡도록 하는 것이다. 이때는 성령님께 의지함으로 나 자신을 솔직하고 투명하게 드러낼 필요가 있다. 그렇다면 더 성숙한 느낌을 위해 몇 가지 추가적인 제안을 한다.

1. 등장인물의 마음을 느끼라

하나님의 말씀을 깨닫고 마음이 뜨거워지며 행동이 변화되는 과정을 위해, 성경 본문에 나타난 등장인물의 마음을 입체적으로 느껴보라.

---

41   모티머 애들러, 찰스 반도렌, 독고 앤 역,《생각을 넓혀주는 독서법》(멘토, 2003), p55.

NOTE

¹예수께서 산에서 내려 오시니 수많은 무리가 따르니라 ²한 나병환자가 나아와 절하며 이르되 주여 원하시면 저를 깨끗하게 하실 수 있나이다 하거늘 ³예수께서 손을 내밀어 그에게 대시며 이르시되 내가 원하노니 깨끗함을 받으라 하시니 즉시 그의 나병이 깨끗하여진지라(마태복음 8:1~3).

나병환자가 한 가정의 가장이었다면, 가족과 떨어져 진 밖에서 부정하게 살아가는 것은 그에게 너무나 힘든 삶이었을 것이다. 그는 예수님이 오신다는 소식을 듣고 예수님께 달려가 "주여 원하시면 저를 깨끗하게 하실 수 있나이다"(2절)라고 고백했을 때, 이것은 다른 사람들과 접촉하면 안 되는 나병환자로서는 목숨을 건 과감한 행동이었을 것이다. 그렇게 두렵고 떨리는 장면을 맥스 루케이도는《예수님처럼》에서 자신이 나병환자가 되어 다음과 같이 묘사하였다.

그가 나를 위해 기도하면서 병을 고쳐주셨더라도 나는 너무 기뻤을 것이다. 그러나 예수님은 나의 병을 말씀으로 고치시는 것으로 만족하지 않으셨다. 그는 나에게 가까이 다가왔고, 나를 만지셨다. 나병이 발생하기 전 가족들이 나를 만진 이후에 그 누구도 부정한 나를 만진 적이 없었다. 그는 나를 만지시고 말씀하셨다. "내가 원하노니" 그 목소리는 부드러웠다. "깨끗함을 받으라" …… 나는 고침을 받았고, 일어서서 예수님의 얼굴을 보았다. 그분은 웃고 계셨다.[42]

맥스 루케이도는 예수님의 만져주심은 병 고침을 위한 것이 아니라 나병

---

42 Max Lucado,《Just Like Jesus》(Thomas Nelson, 2003), kindle 457of2531

환자의 마음을 치료하는 것으로 생각하였다. 이에 스스로 나병환자가 되어 예수님의 손길을 깊이 느끼고 그 은혜를 경험한 것이다.

이처럼 성경을 잘 관찰하고, 관찰된 진리를 가지고 본문으로 들어가 등장인물의 마음을 깊이 느끼는 것은 묵상에 큰 도움이 된다. 워렌 위어스비는 성경을 묵상할 때 상상하는 것의 중요성을 다음과 같이 말했다.

> 건강한 상상이란 우리가 한 진리와 다른 진리가 어떻게 서로 연결되며, 또한 우리 인생에 연결되는지 이해하는 데에 필수불가결이다. '리어왕'에 담긴 의미를 이해하기 위해서는 사전과 문법 이상이 필요하고, 요한계시록을 이해하기 위해서는 신약 성경 사전과 헬라어 문법책이 있다고 끝난 것이 아니다.[43]

2. 하나님의 마음을 느끼라

팀 켈러는 《설교》에서 조나단 에드워즈의 《신앙감정론》을 소개하면서 참된 변화는 감정(emotion)의 변화가 아닌 정감(affection)의 변화라고 말한다. 여러 가지 감동을 통해 사람들이 변화되는 것처럼 보이지만 어느 정도 시간이 지나면 다시 돌아오게 되고, 결국 진정한 변화는 정감이 변화되어 자신이 사랑하는 사랑의 순서가 바뀔 때 이루어진다고 주장한다. 정감도 감정으로 가득하지만, 감정과 동일하지 않다. 정감은 어떤 대상의 아름다움과 탁월함을 감지했을 때 전인에게서 나오는 성향이다. 그래서 그 마음 깊은 곳의 애정인 정감이 변화되기 위해서는 하나님의 아름다우심과 탁월하심을 경험해야 한다고 말한다.[44]

---

43 워렌 위어스비, 이장우 역, 《상상이 담긴 설교》(요단출판사, 2003), p36.
44 팀 켈러, 채경락 역, 《팀 켈러의 설교》(두란노, 2016), pp215~216.

조나단 에드워즈도 참된 신앙을 보여주는 증거 중의 하나가 하나님 본성 자체가 가진 무한한 탁월성을 경험하는 것이며, 그 하나님을 만나면 하나님이 우리에게 베푸시는 유익 때문이 아니라 하나님 그분 자체를 향한 사랑 때문에 존경하게 된다고 말했다.[45]

그러면 그런 하나님의 탁월하심과 아름다우심을 어떻게 경험할 수 있을까? 성경 안에 나타난 하나님의 성품을 묵상하면 가능하다. 큐티를 하면서 삶의 참된 변화를 경험하려면, 성경 본문 속에 나타난 하나님의 성품을 묵상해야 한다. 다양한 하나님의 성품들을 깨달으면서 그 찬란한 아름다움에 매료될 때, 하나님을 가장 사랑하는 삶을 살게 되는 것이다.

> [35]예수께서 모든 도시와 마을에 두루 다니사 그들의 회당에서 가르치시며 천국 복음을 전파하시며 모든 병과 모든 약한 것을 고치시니라 [36]무리를 보시고 불쌍히 여기시니 이는 그들이 목자 없는 양과 같이 고생하며 기진함이라 [37]이에 제자들에게 이르시되 추수할 것은 많되 일꾼이 적으니 [38]그러므로 추수하는 주인에게 청하여 추수할 일꾼들을 보내 주소서 하라 하시니라(마태복음 9:35~38).

예수님은 모든 도시와 마을을 두루 다니시며 회당에서 가르치시고 복음을 전파하셨다. 그런데 사람들을 보시면서 불쌍히 여기시고 제자들에게 "추수할 것은 많되 일꾼이 적으니 …… 추수할 일꾼들을 보내 주소서 하라"(37~38절)고 말씀하셨다. 이 본문 안에는 무리를 보시며 불쌍하게 여기시는 예수님의 마음이 흐르고 있다.

천지를 창조하신 능력의 하나님이 스스로 사람이 되셔서 이 땅에 오셨

---

45 조나단 에드워즈, 정성욱 역, 《신앙감정론》(부흥과개혁사, 2005), p350.

다. 그 전능하신 하나님이신 예수 그리스도께서 왜 이 땅에서 마음 아파하셔야 했을까? 마태는 예수님이 무리를 보시고 불쌍히 여기신다는 것을 어떻게 알았을까? 아마도 그는 예수님의 눈을 보았을 것이다. 어쩌면 예수님이 떨리는 음성으로 말씀하셨을 수도 있을 것이다. 어쨌든 이 본문은 전능하신 하나님께서 세상에 오셔서 복음을 전하시면서 가슴 아파하셨다는 사실을 우리에게 알려준다.

3. 자신의 감정 뒤에 숨어 있는 우상을 발견하라

칼빈은 《기독교강요》를 시작하면서 하나님을 아는 지식과 인간을 아는 지식은 서로 연결되어 있다고 말했다.[46] 하나님을 알면 자연스럽게 인간을 알게 된다는 것이다. 이 땅을 살았던 많은 철학자와 사람들이 그토록 원했던 자기 자신을 아는 지식은 결국 하나님을 알 때 이루어지는 것이다.

《기독교강요》 1권은 창조주 하나님을 아는 지식이며, 2권은 구속주 하나님 예수 그리스도를 아는 지식으로 구성되어 있다. 하나님이 창조주이시면 인간은 피조물이고, 하나님이 구속주이시면 인간은 죄인이 된다. 이 피조물 됨과 죄인 됨은 인간이 알아야 할 가장 기본적인 자기 자신에 관한 지식이다.[47] 피조물 됨에 대한 의식이 없다면 스스로 자신이 창조자가 되어 자기 소견대로 살아가고, 죄인 됨을 인식하지 못하면 교만한 삶을 살 수밖에 없기 때문이다.

본성이 타락한 인간은 구원을 받은 이후에도 지속해서 회개와 믿음을 통해 성장해야 한다. 결국, 하나님을 바르게 인식하게 되면 인간은 자신의 부패한 본성을 깨달아 회개하고 하나님을 의지하게 되는 것이다. 이 과정

---

46 존 칼빈, 신복윤 역, 《기독교강요: 상》 (생명의말씀사, 2014), p77.
47 2017년 6월 19일 박동근 목사 강의 〈기독교강요 하루에 맥잡기〉, cafe.naver.com/theologyforum

이 바로 '자기 깨어짐'이요, '자기 부인'이다. 팀 켈러는 자기 안에 있는 우상을 발견하기 위해 자신의 감정을 깊이 돌아보라고 권유한다. 다음은 2018년 3월에 팀 켈러가 자신의 페이스북에 올린 내용이다.

> 인정받고 싶어하는 사람에게 가장 큰 악몽은 거절이다. 힘에 중독된 사람은 굴욕을 당할 때 견딜 수 없다. 안정감에 사로잡힌 사람은 안정이 깨지는 고난에 견딜 수 없다. 뭐든지 자신이 통제해야 하는 사람에게는 불확실한 상황이 그들에게 가장 큰 두려움이 된다.

또한 팀 켈러는 사람의 마음속에 있는 하나님보다 더 사랑하는 우상을 알아보려면 자신의 감정을 추적하라고 권면한다. 불안해하고, 두려워하며, 너무 사랑하는 감정의 끝에 우상이 숨어 있다는 것이다. 말씀을 묵상하고 기도하는 과정에서 '나는 왜 이것에 감정이 상하는가?', '나는 왜 이런 부류의 사람들을 싫어하는가?' 등 나 자신의 감정을 돌아보는 것이 좋다.

상담학자 데이비드 폴리슨도 사람들의 행동 이면에는 숨은 동기가 있는데, 그것이 바로 가장 사랑하는 대상이며 성경에서 말하는 '우상숭배'라고 말한다. 그래서 자신의 감정을 깊이 돌아보면, 그 감정의 끝에 어떤 우상이 있을 수 있음을 말한다.[48]

결국 사람이 말씀을 통해 참된 변화를 경험하려면, 하나님의 말씀이 우리 감정의 끝자락까지 추적해 들어가 우리의 숨어 있는 모든 것이 드러나야 한다. 그것이 이루어지는 과정이 바로 '느낌'의 과정이다.

---

48 데이비드 폴리슨, 김준 역,《성경적 관점으로 본 상담과 사람》(그리심, 2009), p194.

C형 큐티의 한계

C형 큐티는 말씀을 관찰하고 그에 대한 느낀 점을 적으며 그 느낀 점에 근거한 결단과 적용이 이뤄지기에, 이미 상당한 수준에 오른 큐티라고 할 수 있다. 하지만 말씀에 대한 지식의 좀 더 깊은 세계가 있고, 그것을 통해 얻을 수 있는 더 높은 수준의 영적 세계가 눈앞에 있기에 이 수준에 머물러 있기는 너무나 아쉬운 것도 사실이다. 여기서 한 걸음만 더 나아가면 '연구와 묵상'을 통해 하나님 진리의 더 깊은 세계를 경험할 수 있다.

큐티를 소개하는 글을 보면 '마음에 와닿는 성경 구절'을 묵상하고 기록하라고 권면한다. "본문을 반복해서 읽는 과정에서 마음에 와닿는 첫 번째 감동에 순종하라"[49]고 가르친다. 이런 큐티에 대한 가르침은 마음의 감동이 성령님께서 주시는 은혜라고 단정하기 때문에 생기는 오류다.

조나단 에드워즈는 신앙의 감정이 진정한 은혜로 말미암은 것인지, 또는 아닌지를 분별해야 한다고 말한다. 그러면서 그 분별의 첫 번째 표지를 감정의 강도로 말하면서 "한편으로는 신앙 감정이 단지 크게 고양되었다는 사실은 그 감정들이 반드시 영적이고 은혜로 말미암았을 것이라는 점을 입증하는 증거가 될 수 없다"라고 이야기한다. 바른 은혜는 언제나 거룩한 정서를 불러일으키지만, 모든 감정적 고양이 다 올바른 은혜는 아니라는 것이다.[50]

큐티는 말씀을 묵상하고 삶에 적용하는 은혜로운 도구이나 하나님보다

---

49 두란노 편집부, 《QT의 이론과 실제》(두란노, 2000), p23
50 조나단 에드워즈, 정성욱 역, 《신앙감정론》(부흥과개혁사, 2005) p197.

하나님께 받을 은혜를 더 사모하다 보면 무리한 해석을 하게 된다. 또한 은혜를 경험하기는 하지만 잘못된 적용으로 흐를 위험성도 가지고 있다. 특히 '렉치오 디비나'(Lectio Divina, 거룩한 독서)라는 묵상의 방식은 하나님을 깊이 묵상한다는 장점이 있지만, 개인의 느낌을 더 중요시하기에 해석상 오류를 일으킬 때도 있다. 길성남 교수는 《성경이 무엇을 말하느냐》에서 렉치오 디비나를 주장하는 토미 존스의 잘못된 큐티의 예를 소개한다.

> [7]나귀 새끼를 예수께로 끌고 와서 자기들의 겉옷을 그 위에 얹어 놓으매 예수께서 타시니 [8]많은 사람들은 자기들의 겉옷을, 또 다른 이들은 들에서 벤 나뭇가지를 길에 펴며 [9]앞에서 가고 뒤에서 따르는 자들이 소리 지르되 호산나 찬송하리로다 주의 이름으로 오시는 이여 [10]찬송하리로다 오는 우리 조상 다윗의 나라여 가장 높은 곳에서 호산나 하더라 [11]예수께서 예루살렘에 이르러 성전에 들어가사 모든 것을 둘러 보시고 때가 이미 저물매 열두 제자를 데리시고 베다니에 나가시니라(마가복음 11:7~11).

본문에서 토미 존스의 마음에 와닿은 구절은 "예수께서 예루살렘에 이르러 성전에 들어가사 모든 것을 둘러 보시고"(11절)였다. 그는 이 구절에서 예수님이 자신을 보고 계신다는 것을 깨닫고 '왜 예수님이 날 보고 계시는 걸까? 도대체 나의 어떤 부분을 보시는 걸까?'라고 자문하였다. 그런데 그는 이 질문을 붙들고 묵상하면서 수치심과 당혹감을 느꼈다. 수치심은 자신이 싸우고 있는 문제에 대한 것이었고, 당혹감은 자신의 죄에 대한 것이었다. 그리고 그는 죄 사함과 치유를 위해 하나님께 간구하였다.[51]

---

51 길성남, 《성경이 무엇을 말하느냐》(성서유니온, 2014), p82.

토미 존스에게 이날 큐티를 통해 은혜를 받았는지를 물었다면, 아마도 그는 눈물을 흘리며 받은 은혜를 간증했을 수도 있다. 그에게는 분명 마음에 감동이 있고 은혜가 임했다. 하지만 이 큐티의 문제는 무엇인가? 바로 '성경 본문이 그것을 말하지 않는다'는 것이다. 이처럼 연구와 묵상이 결여된 큐티는 묵상이 언제나 자기가 원하는 쪽으로 흐를 위험성이 있다.

성경은 "예수께서 예루살렘에 이르러 성전에 들어가사 모든 것을 둘러보시고"(11절)라는 단서밖에 주지 않는다. 그런데 예수님이 성전 주변에 서 있는 나를 둘러보시고, 또 나의 죄를 회개한다는 것은 성경이 말하지 않은 과도한 은혜를 스스로 주입한 결과다.

또 아브라함이 본토 친척 아비 집을 떠나 하나님께서 지시하신 약속의 땅으로 간 것은 원대한 하나님 나라의 시작을 알리는 것이지, 우리 집 이사 날짜를 하나님이 알려주시는 것은 아니다. 칼빈은 《기독교강요》에서 성경을 바르게 알지 못한 상태에서 하나님을 향한 추구는 결국 미신과 위선을 만들어낼 뿐이라고 하였다.[52]

자의적 해석에 빠지지 않고, 건전하고 바른 해석을 하기 위해 C형 큐티에 만족해서는 안 된다. 균형 잡힌 큐티로 반드시 나아가야 한다. 하지만 바른 해석은 결코 하루아침에 이루어지지 않는다. 잘못된 해석의 오류들을 찾아내서 계속 교정해야 한다. 목회자의 설교를 들을 때, 소그룹에서 큐티를 나눌 때, 지속해서 교리를 배울 때 비로소 바르고 균형 있는 큐티로 성장해 나갈 수 있다.

---

52 존 칼빈, 고영민 역, 《기독교강요》(기독교문사, 2010), pp210~213.

☑ C형 큐티 연습

1. 먼저 주어진 본문을 문맥과 상관없이 관찰하라. 그러고 나서 같은 본문을 가지고 문맥에 따라 다시 관찰하라.

본문	그는 우리의 화평이신지라 둘로 하나를 만드사 원수 된 것 곧 중간에 막힌 담을 자기 육체로 허시고(에베소서 2:14).
내용 관찰	

본문	¹¹그러므로 생각하라 너희는 그 때에 육체로는 이방인이요 손으로 육체에 행한 할례를 받은 무리라 칭하는 자들로부터 할례를 받지 않은 무리라 칭함을 받는 자들이라 ¹²그 때에 너희는 그리스도 밖에 있었고 이스라엘 나라 밖의 사람이라 약속의 언약들에 대하여는 외인이요 세상에서 소망이 없고 하나님도 없는 자이더니 ¹³이제는 전에 멀리 있던 너희가 그리스도 예수 안에서 그리스도의 피로 가까워졌느니라 ¹⁴그는 우리의 화평이신지라 둘로 하나를 만드사 원수 된 것 곧 중간에 막힌 담을 자기 육체로 허시고 ¹⁵법조문으로 된 계명의 율법을 폐하셨으니 이는 이 둘로 자기 안에서 한 새 사람을 지어 화평하게 하시고 ¹⁶또 십자가로 이 둘을 한 몸으로 하나님과 화목하게 하려 하심이라 원수 된 것을 십자가로 소멸하시고 ¹⁷또 오셔서 먼 데 있는 너희에게 평안을 전하시고 가까운 데 있는 자들에게 평안을 전하셨으니 ¹⁸이는 그로 말미암아 우리 둘이 한 성령 안에서 아버지께 나아감을 얻게 하려 하심이라(에베소서 2:11~18).
내용 관찰	

본문	내게 능력 주시는 자 안에서 내가 모든 것을 할 수 있느니라(빌립보서 4:13).
내용 관찰	

본문	¹⁰내가 주 안에서 크게 기뻐함은 너희가 나를 생각하던 것이 이제 다시 싹이 남이니 너희가 또한 이를 위하여 생각은 하였으나 기회가 없었느니라 ¹¹내가 궁핍하므로 말하는 것이 아니라 어떠한 형편에든지 나는 자족하기를 배웠노니 ¹²나는 비천에 처할 줄도 알고 풍부에 처할 줄도 알아 모든 일 곧 배부름과 배고픔과 풍부와 궁핍에도 처할 줄 아는 일체의 비결을 배웠노라 ¹³내게 능력 주시는 자 안에서 내가 모든 것을 할 수 있느니라 ¹⁴그러나 너희가 내 괴로움에 함께 참여하였으니 잘하였도다 ¹⁵빌립보 사람들아 너희도 알거니와 복음의 시초에 내가 마게도냐를 떠날 때에 주고 받는 내 일에 참여한 교회가 너희 외에 아무도 없었느니라(빌립보서 4:10~15).
내용 관찰	

2. 문법적 도구들을 활용하여 주어진 본문을 관찰하라.

본문	³²저물어 해 질 때에 모든 병자와 귀신 들린 자를 예수께 데려오니 ³³온 동네가 그 문 앞에 모였더라 ³⁴예수께서 각종 병이 든 많은 사람을 고치시며 많은 귀신을 내쫓으시되 귀신이 자기를 알므로 그 말하는 것을 허락하지 아니하시니라 ³⁵새벽 아직도 밝기 전에 예수께서 일어나 나가 한적한 곳으로 가사 거기서 기도하시더니 ³⁶시몬과 및 그와 함께 있는 자들이 예수의 뒤를 따라가 ³⁷만나서 이르되 모든 사람이 주를 찾나이다 ³⁸이르시되 우리가 다른 가까운 마을들로 가자 거기서도 전도하리니 내가 이를 위하여 왔노라 하시고 ³⁹이에 온 갈릴리에 다니시며 그들의 여러 회당에서 전도하시고 또 귀신들을 내쫓으시더라(마가복음 1:32~39).
내용 관찰	1. 문법적 도구들 1) 주어를 파악하라, 2) 동사에 집중하라, 3) 접속사에 유의하라, 4) 인과관계를 살피라

3. 주어진 본문을 읽으며 떠오르는 질문을 적어보라. 그리고 그에 대한 답을 찾으며, 관찰하라.

본문	³²저물어 해 질 때에 모든 병자와 귀신 들린 자를 예수께 데려오니 ³³온 동네가 그 문 앞에 모였더라 ³⁴예수께서 각종 병이 든 많은 사람을 고치시며 많은 귀신을 내쫓으시되 귀신이 자기를 알므로 그 말하는 것을 허락하지 아니하시니라 ³⁵새벽 아직도 밝기 전에 예수께서 일어나 나가 한적한 곳으로 가사 거기서 기도하시더니 ³⁶시몬과 및 그와 함께 있는 자들이 예수의 뒤를 따라가 ³⁷만나서 이르되 모든 사람이 주를 찾나이다 ³⁸이르시되 우리가 다른 가까운 마을들로 가자 거기서도 전도하리니 내가 이를 위하여 왔노라 하고 ³⁹이에 온 갈릴리에 다니시며 그들의 여러 회당에서 전도하시고 또 귀신들을 내쫓으시더라(마가복음 1:32~39).
내용 관찰	

1. 다음의 질문을 살피며 주어진 본문을 읽어보라. 그리고 느낌을 적어보라.

본문	¹¹그러므로 생각하라 너희는 그 때에 육체로는 이방인이요 손으로 육체에 행한 할례를 받은 무리라 칭하는 자들로부터 할례를 받지 않은 무리라 칭함을 받는 자들이라 ¹²그 때에 너희는 그리스도 밖에 있었고 이스라엘 나라 밖의 사람이라 약속의 언약들에 대하여는 외인이요 세상에서 소망이 없고 하나님도 없는 자이더니 ¹³이제는 전에 멀리 있던 너희가 그리스도 예수 안에서 그리스도의 피로 가까워졌느니라 ¹⁴그는 우리의 화평이신지라 둘로 하나를 만드사 원수 된 것 곧 중간에 막힌 담을 자기 육체로 허시고 ¹⁵법조문으로 된 계명의 율법을 폐하셨으니 이는 이 둘로 자기 안에서 한 새 사람을 지어 화평하게 하시고 ¹⁶또 십자가로 이 둘을 한 몸으로 하나님과 화목하게 하려 하심이라 원수 된 것을 십자가로 소멸하시고 ¹⁷또 오셔서 먼 데 있는 너희에게 평안을 전하시고 가까운 데 있는 자들에게 평안을 전하셨으니 ¹⁸이는 그로 말미암아 우리 둘이 한 성령 안에서 아버지께 나아감을 얻게 하려 하심이라(에베소서 2:11~18).
느낌	1. 성경 본문에 나타난 등장인물의 마음은 어떠한가? 2. 성경 본문에 나타난 하나님의 마음은 어떠한가? 3. 본문을 나에게 비추어 볼 때, 나의 마음에 드는 느낌은 무엇인가?

느낌

¹⁰내가 주 안에서 크게 기뻐함은 너희가 나를 생각하던 것이 이제 다시 싹이 남이니 너희가 또한 이를 위하여 생각은 하였으나 기회가 없었느니라 ¹¹내가 궁핍하므로 말하는 것이 아니라 어떠한 형편에든지 나는 자족하기를 배웠노니 ¹²나는 비천에 처할 줄도 알고 풍부에 처할 줄도 알아 모든 일 곧 배부름과 배고픔과 풍부와 궁핍에도 처할 줄 아는 일체의 비결을 배웠노라 ¹³내게 능력 주시는 자 안에서 내가 모든 것을 할 수 있느니라 ¹⁴그러나 너희가 내 괴로움에 함께 참여하였으니 잘하였도다 ¹⁵빌립보 사람들아 너희도 알거니와 복음의 시초에 내가 마게도냐를 떠날 때에 주고 받는 내 일에 참여한 교회가 너희 외에 아무도 없었느니라(빌립보서 4:10~15).

1. 성경 본문에 나타난 등장인물의 마음은 어떠한가?
2. 성경 본문에 나타난 하나님의 마음은 어떠한가?
3. 본문을 나에게 비추어 볼 때, 나의 마음에 드는 느낌은 무엇인가?

느낌

본문	³²저물어 해 질 때에 모든 병자와 귀신 들린 자를 예수께 데려오니 ³³온 동네가 그 문 앞에 모였더라 ³⁴예수께서 각종 병이 든 많은 사람을 고치시며 많은 귀신을 내쫓으시되 귀신이 자기를 알므로 그 말하는 것을 허락하지 아니하시니라 ³⁵새벽 아직도 밝기 전에 예수께서 일어나 나가 한적한 곳으로 가사 거기서 기도하시더니 ³⁶시몬과 및 그와 함께 있는 자들이 예수의 뒤를 따라가 ³⁷만나서 이르되 모든 사람이 주를 찾나이다 ³⁸이르시되 우리가 다른 가까운 마을들로 가자 거기서도 전도하리니 내가 이를 위하여 왔노라 하시고 ³⁹이에 온 갈릴리에 다니시며 그들의 여러 회당에서 전도하시고 또 귀신들을 내쫓으시더라(마가복음 1:32~39).
느낌	1. 성경 본문에 나타난 등장인물의 마음은 어떠한가? 2. 성경 본문에 나타난 하나님의 마음은 어떠한가? 3. 본문을 나에게 비추어 볼 때, 나의 마음에 드는 느낌은 무엇인가?

1. 주어진 본문을 읽고 앞서 다룬 내용관찰과 느낌에 근거하여 내가 변화되어야 할 영역과 방법을 구체적으로 적어보라. 참고로, 앞서 배운 '결단과 적용의 방법'을 상기하며 적어보라.

본문	¹¹그러므로 생각하라 너희는 그 때에 육체로는 이방인이요 손으로 육체에 행한 할례를 받은 무리라 칭하는 자들로부터 할례를 받지 않은 무리라 칭함을 받는 자들이라 ¹²그 때에 너희는 그리스도 밖에 있었고 이스라엘 나라 밖의 사람이라 약속의 언약들에 대하여는 외인이요 세상에서 소망이 없고 하나님도 없는 자이더니 ¹³이제는 전에 멀리 있던 너희가 그리스도 예수 안에서 그리스도의 피로 가까워졌느니라 ¹⁴그는 우리의 화평이신지라 둘로 하나를 만드사 원수 된 것 곧 중간에 막힌 담을 자기 육체로 허시고 ¹⁵법조문으로 된 계명의 율법을 폐하셨으니 이는 이 둘로 자기 안에서 한 새 사람을 지어 화평하게 하시고 ¹⁶또 십자가로 이 둘을 한 몸으로 하나님과 화목하게 하려 하심이라 원수 된 것을 십자가로 소멸하시고 ¹⁷또 오셔서 먼 데 있는 너희에게 평안을 전하시고 가까운 데 있는 자들에게 평안을 전하셨으니 ¹⁸이는 그로 말미암아 우리 둘이 한 성령 안에서 아버지께 나아감을 얻게 하려 하심이라(에베소서 2:11~18).
결단과 적용	

본문	¹⁰내가 주 안에서 크게 기뻐함은 너희가 나를 생각하던 것이 이제 다시 싹이 남이니 너희가 또한 이를 위하여 생각은 하였으나 기회가 없었느니라 ¹¹내가 궁핍하므로 말하는 것이 아니니라 어떠한 형편에든지 나는 자족하기를 배웠노니 ¹²나는 비천에 처할 줄도 알고 풍부에 처할 줄도 알아 모든 일 곧 배부름과 배고픔과 풍부와 궁핍에도 처할 줄 아는 일체의 비결을 배웠노라 ¹³내게 능력 주시는 자 안에서 내가 모든 것을 할 수 있느니라 ¹⁴그러나 너희가 내 괴로움에 함께 참여하였으니 잘하였도다 ¹⁵빌립보 사람들아 너희도 알거니와 복음의 시초에 내가 마게도냐를 떠날 때에 주고 받는 내 일에 참여한 교회가 너희 외에 아무도 없었느니라(빌립보서 4:10~15).
결단과 적용	

본문	³²저물어 해 질 때에 모든 병자와 귀신 들린 자를 예수께 데려오니 ³³온 동네가 그 문 앞에 모였더라 ³⁴예수께서 각종 병이 든 많은 사람을 고치시며 많은 귀신을 내쫓으시되 귀신이 자기를 알므로 그 말하는 것을 허락하지 아니하시니라 ³⁵새벽 아직도 밝기 전에 예수께서 일어나 나가 한적한 곳으로 가사 거기서 기도하시더니 ³⁶시몬과 및 그와 함께 있는 자들이 예수의 뒤를 따라가 ³⁷만나서 이르되 모든 사람이 주를 찾나이다 ³⁸이르시되 우리가 다른 가까운 마을들로 가자 거기서도 전도하리니 내가 이를 위하여 왔노라 하시고 ³⁹이에 온 갈릴리에 다니시며 그들의 여러 회당에서 전도하시고 또 귀신들을 내쫓으시더라(마가복음 1:32~39).
결단과 적용	

결단과 적용의 방법

1. 다양한 영역에 적용하라
- 지적, 신체적, 정서적, 사회적, 도덕적, 영적 영역으로 나누어 적용해보라.
- 가정생활, 교회생활, 직장생활, 사회생활 영역으로 나누어 적용해도 좋다.

2. 루이스 베일리의 경건 실천
- 선한 행실과 거룩한 삶을 위한 좋은 충고나 권고가 있는가?
- 이런저런 죄에 대한 두려운 심판은 무엇인가?
- 인내, 순결, 자비, 구제 등 열심히 하나님을 섬기는 것, 사랑, 믿음, 하나님을 신뢰하는 것, 기타 그리스도인의 미덕에 대해 하나님께서 약속하신 복은 무엇인가?

3. S-P-A-C-E-P-E-T-S
- S: 고백할 죄(Sin)가 있는가?
- P: 주장할 약속(Promise)이 있는가?
- A: 변화시킬 태도(Attitude)가 있는가?
- C: 순종할 명령(Command)이 있는가?
- E: 따라야 할 본보기(Example)가 있는가?
- P: 간구해야 할 기도(Prayer)가 있는가?
- E: 잘못 생각하고 있었던 오류(Error)가 있는가?
- T: 새롭게 배운 하나님과 인간과 세상에 대한 진리(Truth)가 있는가?
- S: 하나님께 찬양하고 감사할 근거(Something)가 있는가?[53]

---

53 릭 워렌, 김창동 역, 《개인 성경 연구》(디모데, 2006), p43에 나오는 내용을 각색하였다.

D형
큐티

- 큐티의 고급 단계로, '귀납적 큐티'라고도 함
- 총 4단계로 구성: 내용관찰, 연구와 묵상, 느낌, 결단과 적용
- 큐티의 단점인 자의적 해석을 방지하는 유일한 큐티 방식

	내용관찰	연구와 묵상	느낌	결단과 적용
A형 큐티			●	
B형 큐티	●		●	
C형 큐티	●		●	●
D형 큐티	●	●	●	●

D형 큐티(귀납적 성경 묵상)란?

열심히 관찰하지만 바르게 해석하지 못하면 성경을 제대로 이해할 수 없다. 하워드 헨드릭스는《삶을 변화시키는 성경 연구》에서 의미 없는 관찰의 위험성을 경고하면서 다음과 같은 이야기를 하였다.

한 과학자가 벼룩의 특성을 살피기 위해 귀납적인 방식으로 벼룩을 관찰하고 있었다. 벼룩의 한쪽 다리를 끊어 내면서 "뛰어!"라고 명령했다. 그 벼룩은 즉시로 펄쩍대고 뛰었다. 다시 한 다리를 더 끊어내며 "뛰어"라고 명령했다. 벼룩은 또 뛰었다. 이 과학자는 이와 같은 명령을 계속하며 여섯 번째인 마지막 다리만 남겨놓기에 이르렀다. 이번에는 벼룩이 뛰기가 좀 힘들었다. 하지만 뛰어보려고 애를 썼다. 과학자는 드디어 마지막 다리까지 잘라버리고 또 뛰라고 명령했다. 그러나 벼룩은 아무런 반응이 없었다. 과학자는 목소리를 높이며 명령했다. "뛰어!" 여전히 벼룩은 반응이 없었다. 세 번째로 과학자는 힘을 다해 소리를 지르며 명령했다. "뛰어!" 그러나 불쌍한 벼룩은 꿈쩍도 하지 않았다. 과학자는 자신의 연구에 대하여 다음과 같은 결론을 내렸다. "벼룩의 다리를 모두 제거해버리면 벼룩은 청력을 상실한다."[54]

우스운 농담이지만, 아무리 열심히 관찰해도 바른 해석의 과정을 거치지 않으면 결국 엉뚱한 결론을 내릴 수 있다는 것을 극명하게 보여주는 좋은 예화다.

성경 해석의 가장 기본적인 원리는 '그때'(성경 시대)와 '지금'(우리가 살아가는 시대) 사이에 다리를 놓는 것이다. 성경이 우리와 다른 시대, 문화, 지리적 배경 속에서 쓰였기에 해석이라는 과정은 불가피하다. 따라서 우리를 향해 말씀하시는 하나님의 뜻을 분별하고, 우리에게 적용하기 위해서는 성경 해석의 과정이 꼭 필요하다. 이 원리를 설명하기 위해 다음과 같은 방식의 도표를 사용하는 경우가 많다.

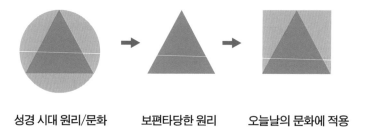

성경 시대 원리/문화   보편타당한 원리   오늘날의 문화에 적용

54   하워드 헨드릭스, 정현 역, 《삶을 변화시키는 성경 연구》, (디모데, 2003), pp 252~253.

성경 시대의 문화가 '동그라미'고 오늘날의 문화가 '사각형'이라고 가정하자. 동그라미와 사각형은 서로 맞지 않지만, 성경 시대나 오늘날에 동일하게 적용되는 원리는 있다. 우리는 이것을 '보편타당한 원리'(삼각형)라고 하는데, 이건 변하지 않는 하나님의 원리다. 성경을 읽고 해석하는 자는 이 보편타당한 원리, 즉 변하지 않는 하나님의 원리를 반드시 파악해야 한다.

하지만 실제로 큐티에서는 이러한 신학적인 원리를 적용하는 데까지 나아가지 못했다. 아무래도 신학적 훈련을 받지 않은 평신도들이 이를 감당하기는 어렵다고 생각했기 때문이 아니었을까.

그러나 큐티 역시 성경을 다루고 있고, 큐티는 결국 성경이 우리에게 드러내 보여주는 보편타당한 원리를 우리의 삶에 적용하기 위한 것이니 성경 해석의 원리가 적용되어야 하는 것이 마땅하다. 이러한 생각에서 고안된 큐티가 바로 D형 큐티, 즉 '귀납적 성경 묵상'이다.

C형 큐티는 내용관찰을 통해 성경 시대를 바라본 후 '보편타당한 원리'가 무엇인지에 대한 생각을 정리하지 않은 채 바로 느낌, 곧 지금 내가 사는 시대로 넘어가는 형태다. 결국 건전한 성경 해석 방법론에 근거한 성경 묵상을 하기 위해서는 성경의 보편타당한 원리가 무엇인지를 파악하는 과정이 필요한데, 이것이 바로 '연구와 묵상'의 단계다.

앞서 C형 큐티를 설명할 때, 관찰에서 본문을 읽으며 질문을 던지라고 하였다. 그리고 그 질문에 답을 찾는 방법은 두 가지로 나뉘었다. 첫째는 본문 안에서 스스로 답을 발견할 수 있는 경우인데, 이런 경우에는 '연구와 묵상'의 단계까지 가지 않아도 관찰 단계에서 충분히 해결할 수 있는 수준이다. 하지만 둘째로 본문 안에서 해결할 수 없는 경우도 있었다. 본문 안에서 답을 해결할 수 없을 때는 성경 외에 2차 자료를 통해 반드시 확인해야 하는데 이런 과정이 바로 '연구'다. 그런데 여기서 '연구와 묵상'을 함께 묶어놓은 이유는 묵상한 이후에 내린 결론이 건강한 해석인지 연구를 통해 확인해야 하고, 또 연구를 통해 발견한 내용에 '묵상'이 필수적으로 따라서 와야 하기 때문이다. 이런 면에서 '연구'가 외적 노력이라고 한다면, '묵상'은 내적 노력이라고 정의할 수 있다.

아이작 뉴턴이 만유인력의 법칙을 발견하게 된 유명한 일화가 있다. 이 일화가 역사적으로 실재했던 사건이든, 그저 전해지는 일화일 뿐이든 간에 이는 성경 해석뿐 아니라 모든 학문에서 적용되는 중요한 원리를 깨닫게 한다. 뉴턴은 만유인력의 법칙을 발견함으로 세계의 역사를 바꾸었다. 그런데 그 역사적 질문은 바로 '왜 사과는 떨어지는가?'였다.

뉴턴이 물건이 떨어지는 현상, 나무에 달린 열매가 떨어지는 현상을 목격한 최초의 사람일 리는 만무하다. 하지만 그가 위대해질 수 있었던 이유는 바로 '왜?'라는 질문을 했기 때문이다. 늘 보던 현상을 그저 '당연한' 것으로 여기지 않고 '왜?'라는 질문을 하고 그에 대한 답을 찾아 나가는 과정은, 그 질문을 던지고 답을 찾는 사람은 물론 그가 속한 공동체까지 변화시킬 수 있다. 그리고 때에 따라서는 세계를 변화시킬 수도 있다.

실제로 뉴턴이 사과가 떨어지는 것을 목격하고(내용관찰), 그 원리를 파악하며(연구와 묵상), 그가 관심을 두고 있었던 우주 천체의 운영 원리를 정리하여(느낌), 우주 천체에도 동일한 원리가 적용되고 있음을 증명하는(결단과 적용) 과정을 우리는 '귀납법'이라 부른다. 그리고 이러한 방법을 과학을 연구하는 하나의 방법으로 여긴다. 하지만 이는 과학의 전유물이 아니다. 이 귀납법은 성경 연구에도 사용될 수 있다.

D형 큐티의 방법

D형 큐티는 '내용관찰-연구와 묵상-느낌- 결단과 적용', 총 4단계로 구성된다. 이 4단계는 크게 성경과 진리를 파악하는 '객관적 단계'(내용관찰, 연구와 묵상)와 나를 파악하고 변화를 일으키는 '주관적 단계'(느낌, 결단과 적용)로 나뉜다. 다시 말하면 진리를 깨달아 보편적 진리로 정리하는 과정이 '내용관찰'과 '연구와 묵상'의 두 단계고, 삶의 변화가 이루어지는 과정이 '느낌'과 '결단과 적용'의 두 단계다. 이는 곧 성경 시대와 나의 삶 사이에 다리를 놓는 과정이라 하겠다.

'내용관찰'이 우리의 눈에 해당하는 것이라면, '연구와 묵상'은 머리에 해당한다. 그리고 '느낌'은 우리의 마음에, '결단과 적용'은 우리의 손과 발에 해당한다.[55] 결국 지적인 깨달음에서 정적인 확신으로, 마지막 의지적인 실천으로 이어지는 전인격적인 변화의 과정이 순서대로 구성된다. 이 순서가 중요하다. 먼저 말씀을 깨닫고, 그다음 마음으로 느끼며, 마지막에 의지적으로 변화되는 것이 건강한 삶의 변화 과정이기 때문이다.

물론 '지, 정, 의'라는 순서가 아닌 한순간에 성령께서 체험을 통해 우리를 변화시킨다고 생각하는 사람들도 있다. 그러나 '지, 정, 의'라는 전인격적 삶의 순서대로 변화되는 것이 보편적이다. 한 예로, 누가복음 24장에는 엠마오 마을로 가는 두 제자의 이야기가 나온다. 그들은 예수님께서 십자가에서 돌아가신 후 의기소침한 가운데 엠마오로 향하고 있었다. 그때 예수님께서는 그들과 동행하며 말씀을 풀어주심으로 그들을 변화시켜 주신다. 여기서 엠마오 마을로 가던 두 제자의 변화 순서도 지성적 깨달음과 정서

---

55 송정현, 《CAL세미나 귀납적 성경 연구 강의안》

적 확신, 그리고 의지적 실천의 과정이었다. 좀 더 구체적으로 살펴보자.

> **"우리에게 성경을 풀어 주실 때"**(누가복음 24:32)
> 그들은 먼저 예수님의 말씀을 듣고 지성적인 깨달음이 있었다.
>
> **"우리 속에서 마음이 뜨겁지 아니하더냐"**(32절)
> 또한 그 말씀을 듣고 마음이 뜨거워지는 정서적 확신의 단계가 있었다. 지성적 깨달음이 정서적 확신으로 내려온 것이다.
>
> **"곧 그 때로 일어나 예루살렘에 돌아가"**(33절)
> 깨달음이 정서적 확신이 서자 자연스럽게 의지적으로 결단하며 다시 예루살렘으로 올라가는 행동의 변화를 보여주고 있다.

D형 큐티를 통한 개개인의 삶의 변화 순서도 동일하다. 말씀을 깨닫고, 마음으로 느끼며, 의지적으로 순종하는 것이다. D형 큐티를 한눈에 볼 수 있도록 정리하면 다음과 같다.

> **D형 큐티의 방법**
>
> 1. 내용관찰: 본문에서 무엇을 보는가?
>   1) 전체적으로 관찰하라: 문맥을 따라, 다양한 번역본으로 관찰하라
>   2) 구체적으로 관찰하라: 관찰의 도구를 활용하라
>   ① 육하원칙을 적용하라
>   ② 주어를 파악하고, 동사에 집중하라
>   ③ 접속사에 유의하라
>   ④ 인과관계를 살피라

⑤ 모르는 단어와 문장, 내용에 표시하라

　3) 질문하라: 관찰을 통해 발견한 내용을 가지고 질문하라

2. 연구와 묵상: 본문은 무엇을 의미하는가?

　1) 연구를 통해 질문에 답을 찾아라

　2) 묵상을 통해 질문에 답을 찾아라

　3) 보편타당한 신앙의 원리로 만들라

3. 느낌

　1) 깨달은 진리를 가지고 하나님께 충분히 기도하라

　2) 보편타당한 진리를 자신의 삶에 비추어 느끼는 감정을 살피라

4. 결단과 적용

　1) 태도와 행동의 변화를 결단하라

　2) 구체적인 행동 지침을 가지고 실천하라

5. 소그룹 나눔

이와 같은 과정은 C형 큐티의 구조 속에, 두 번째 단계로 '연구와 묵상'이 추가된 것이다. 그러므로 D형 큐티를 다루는 여기서는 '연구와 묵상' 부분만 떼어서 자세히 설명하고자 한다. 내용관찰과 느낌, 결단과 적용은 A형, B형, C형 큐티의 내용을 참고하라.

연구와 묵상의 방법

1. '연구'를 통해 질문에 답을 찾아라

'연구와 묵상'은 내용관찰에서 질문을 던졌지만 해결되지 않는 문제에 대한 답을 찾는 과정이다. 그중에서도 '연구'는 질문에 답하기 위해 정보를 수집하는 과정이다.

세상의 어떤 질문이라 하더라도, 그에 대한 답을 찾기 위해서는 정보 수집이 필요하다. 어린아이들의 "바닷물은 왜 짜요?" 또는 "새들은 어떻게 날 수 있어요?" 등의 질문에 답하려 해도 그에 대한 정보가 필요한 것과 마찬가지다.

대부분의 사람은 자신이 이미 가진 정보만으로 답할 수 있는 문제를 '쉽다'고 말하고, 새롭게 정보를 습득해야 답할 수 있는 문제는 '어렵다'고 말한다. 그만큼 정보가 충분할수록 적절하고 설득력 있는 답을 제시할 가능성이 커진다.

내용관찰에서 해결되지 못한 질문들에 대해 답을 제시하기 위해서는 정보가 필요한데, 성경 본문에는 이러한 정보가 없는 경우가 많다. 이 때문에 D형 큐티를 어느 정도의 수준 이상으로 끌어올리기 위해서는 성경 이외의 자료들을 사용하여 정보를 수집해야 한다.

물론 신학자나 목회자들처럼 수많은 자료를 다양하게 활용하기는 어렵지만, 평신도들도 충분히 활용할 수 있는 손쉬운 자료가 시중에 많이 나와 있다. 그렇기에 교역자들은 큐티 훈련생들에게 어떤 자료를 어떻게 활용해야 하는지도 알려주어야 한다.

① 단어: 성경 사전, 성구 사전(Concordance)

성경을 읽어도 이해가 되지 않아 어렵다고 말하는 성도들을 만날 때가 있다. 영어도 아닌 한글 성경이 어려운 이유는 무엇인가? 그건 바로 단어를 잘 알지 못하고, 문장의 뜻이 이해가 잘 안 되기 때문이다. 영어를 공부할 때 단어를 찾고 문법을 공부하듯, 성경을 읽을 때도 모르는 단어들을 찾아서 이해하는 수고가 필요하다. 그래서 '연구'에서 가장 많이 쓰이는 자료가 바로 '성경 사전'이다. 특히 질문의 초점이 단어에 맞춰져 있다면, 성경 사전에서 그 단어에 대한 정보를 얻는 것은 필수다. 예를 들어 "왜 바울은 자신을 전제로 드린다(부어진다)고 했을까?"(빌립보서 2:17; 디모데후서 4:6)와 같은 질문이라면, '전제'라는 단어에 대한 정보를 수집해야 한다. '전제'의 뜻이 무엇인지를 파악하고, 다음으로 바울은 이 단어를 어떤 맥락에서 주로 사용했는가를 살펴야 한다.

예전에는 단어를 연구하려면 '성구 사전'을 통해 그 용례를 파악하는 것도 중요하게 여겨졌다. 성구 사전이란 어떤 단어가 사용된 성경 구절들을 모두 모아서 보여주는 자료다. 그러나 최근에는 인터넷 사이트와 스마트폰 성경 애플리케이션이 성구 사전의 역할을 완벽하게 대치하고 있다. 단어로 검색하면 그 단어가 어느 구절에 사용되었는지를 아주 짧은 시간에 정리해준다.

사실 굳이 그 용례를 살피지 않더라도, 좋은 성경 사전은 그 단어가 어떤 의미가 있고 어떤 경우에 사용되었는지 잘 설명해준다. 물론 성경 사전 역시 인터넷 검색으로 대체가 가능하지만, 인터넷에는 이단이나 신학적으로 건전하지 않은 주장이 많기에 반드시 교역자의 검증을 거친 성경 사전을 사 보는 것이 좋다.

먼저 성경 사전의 활용법을 살펴보자.

또 전제로 포도주 사분의 일 힌을 더할지며(출애굽기 29:40).

출애굽기 29장 40절에는 '전제'라는 단어가 나온다. 명확한 뜻을 몰라서 영어 성경을 참고하면 'a drink offering'(부어서 드리는 제사)이라고만 나온다. 따라서 그 이상의 정보를 얻으려면 성경 사전이 필요하다.

성경 사전에서 '전제'라는 단어를 찾으면, 다음과 같이 설명되어 있다.

전제(Drink offering)

구약 시대에 행해진 제사 방법의 하나로 피를 상징하는 포도주를 붓는 의식을 말한다(출 29:40~41; 민 15:5). 전제는 제물을 제단에 올려놓고 불사르기 전에 그 제물 위에 포도주를 붓는 의식이었다(출 30:9; 레 23:13). 번제물이 일 년 된 어린 양일 때는 포도주 힌 사 분의 일(출 29:40)을, 숫양일 때는 삼 분의 일(민 15:6~7)을, 수송아지일 때는 반 힌(민 15:9~10)을 부었다.

신약에서는 같은 의미를 가진 단어를 관제로 번역하였다(딤후 4:6; 빌 2:17). 바울은 성도들의 신앙 성장을 위해 자신의 생명까지도 기꺼이 바치겠다는 의미로 이 단어를 사용하였다(빌 2:17).[56]

이처럼 성경 사전은 단어의 설명과 함께 관련 구절들을 다양하게 소개함으로, 우리가 더 깊은 묵상의 단계로 나아가게 도와준다. 단순히 출애굽기만 읽을 때는 알 수 없었던, 신약 시대의 사도 바울의 이야기와도 연결해주기 때문이다.

> 전제와 같이 내가 벌써 부어지고 나의 떠날 시각이 가까웠도다(디모데후서 4:6).

바울은 자신의 인생의 마지막을 '전제와 같이 부어졌다'고 표현하였다. 이는 바울 자신이 인생의 마지막 시기를 하나님께 한 방울도 남김없이 다 부어드리는 삶으로 묘사한 것이다. 더불어 우리는 바울이 자신의 삶을 하

---

56   C3TV 온라인 성경 사전(bible.goodtv.co.kr/bible/dic), (2017. 11. 13).

나님께 부어드리는 전제로 표현한 것을 통해 제사와 삶은 분리되지 않는다는 것을 깨닫게 된다. 이처럼 구약의 제사를 묵상하면서 오늘날 나의 삶을 하나님께 드리는 거룩한 산 제물임을 적용할 수 있게 되는 것이다.

② 지명과 지리: 성경 지도

'성경 지도'는 구약 성경의 모든 기록과 신약 성경의 예수님 행적이 단순히 천국의 이야기나 신화가 아닌 우리가 사는 이 역사의 현장에서 벌어졌던 하나님의 역사임을 확인시켜 주는 귀중한 자료다. 이에 존 스토트는《성경 연구 입문》에서 성경 지리의 중요성을 다음과 같이 설명한다.

> 이 세상에서 자기 백성을 불러내려는 하나님의 목적은 지상의 특정한 지역에서 그리고 세계사의 특정한 시기에 전개되기 시작했다. 그러므로 그 역사와 지리적 환경에 대한 것을 알지 않고서는 하나님의 뜻을 이해하기 어렵다.[57]

창세기의 족장들이 이동한 경로, 사도행전의 바울 전도 여행 경로, 요한계시록의 일곱 교회 위치 등 지도를 참조하면 훨씬 더 역동적인 느낌으로 다가오는 본문이 꽤 있다. 또한 최근에 나온 성경 지도는 오늘날 그 지역의 사진까지 담고 있어서 현장감을 느끼며 흥미진진하게 성경을 연구할 수 있도록 돕고 있으니 가능하다면 참고해도 좋을 듯하다.

성경 지도가 참 좋은 자료이기는 하지만 대부분 가격이 비싸다. 따라서 '평신도들이 이런 것까지 사야 하나?'라는 거부감이 들 수 있다. 만약 자세

---

57 존 스토트, 최낙재 역,《성경 연구 입문》(성서유니온, 2002), p31.

하고 분량이 많은 성경 사전을 가지고 있다면, 거기에는 어느 정도 지명에 대한 설명과 함께 간단한 지도가 제시되기도 한다. 또 지명이나 지리에 관련된 정보는 인터넷을 참조해도 좋다.

③ 배경: 개론서, 단권 주석

성경 해석에서 본문이 언제 어떤 배경에서 기록되었는지를 확인하는 것은 필수적이다. 따라서 성경 개론서나 주석을 반드시 참고해야 한다. 주석은 내가 이해한 내용이 정확한 해석인지를 확인해 보는 과정에서도 활용할 수 있고, 주석을 통해 확인된 내용을 다시 묵상함으로 우리는 더 깊은 이해를 경험할 수도 있다. 하지만 성경과 주석은 '양날의 검'과도 같아서 때로는 오히려 자기 묵상을 하지 못하고 주석에만 의존하게 될 수도 있다.

주석을 읽을 때는 사실과 주장(의견)을 구분해야 한다. 주석에는 일반적으로 받아들여지는 사실도 기록되어 있지만, 그 주석을 쓴 저자의 개인적 주장(의견)도 함께 있기 때문이다. 주석에 있는 하나의 의견을 그대로 맹신해서는 절대로 안 된다. 하지만 다른 해석과 의견을 참고한다는 차원에서 보면 성경 개론서나 주석은 묵상을 풍성하게 하는 좋은 도구가 된다.

④ 스터디 바이블

최근에는 다양한 스터디 바이블이 번역되어 출간되었다. 그중에서도 《ESV 스터디 바이블》과 《NIV 스터디 바이블》, 그리고 《개혁주의 스터디 바이블》은 모두 건전하고 좋은 책들이다. 셋 중의 하나를 사서 활용하면 좋을 듯하다.

개인적으로 추천하고 싶은 영어 스터디 바이블로는 《The Reformation Heritage KJV Study Bible》이 있다. 이 성경은 매장마다 'personal & family worship'이라는 가정예배를 위한 요약도 있어 가정에서 활용하기에 참 좋다. 그리고 창세기 1장부터 요한계시록 22장까지 한 장도 빠짐없이 장별 요약을 제공하는 것이 가장 큰 장점이다.

D형 큐티에서 '연구'를 할 때 가장 주의해야 할 것은 바로 '주객전도'다. 성경과 신학에 대한 정보는 잔뜩 수집했는데, 정작 본문을 묵상하는 데는 걸림돌이 되어버리는 경우가 종종 있다. 연구를 위해 수집한 자료들만 나열하고서 그것을 '묵상'이라고 착각하는 경우가 그렇다.

질문에 답하기 위해서 정보 수집의 과정이 없을 수는 없으나 정보 수집이 목적이 아님을 기억해야 한다. 연구를 통해 얻은 정보는 반드시 묵상을 거쳐 큐티를 하는 나 자신의 것으로 만들어야 한다.

2. '묵상'을 통해 질문에 답을 찾으라

'연구'는 본문을 입체적으로 이해하게 하지만 그것만으로는 충분하지 않다. 연구한 지식이 삶의 변화를 일으키기 위해서는 '공감적 이해'까지 이르러야 하고, 이를 위해서는 '거룩한 상상력'이 동원되어야 한다. 우리는 이것을 '묵상'이라 부른다.

인문학보다는 과학이, 언어나 문자매체보다는 영상매체가 득세하는 세상에서 사람들의 상상력은 점점 더 빈곤해진다. 주어진 정보를 단순히 기억할 뿐 그것을 통해 새로운 사실을 발견하거나 추론하지 못하는 사람들에게 '묵상'을 훈련한다는 것은 그 자체만으로도 이미 큰 도전이다.

주어진 텍스트 속의 함의를 찾고 그 상황을 재현하며 그에 공감하고 반응할 수 있는 능력은 결코 하찮은 것이 아니다. 어쩌면 묵상 훈련이야말로 말씀으로 세상을 변혁하는 열쇠일 수 있다.

① 성경의 인물이 되어보기

상상력을 발휘하는 방법 중에 가장 쉽고, 유용하게 그리고 자주 사용되는 방법은 바로 나 자신이 등장인물이나 저자 또는 1차 수신자의 입장이 되어 그 자리에 서 보는 것이다. 모세오경이나 역사서, 복음서 등의 내러티브 본문일 경우에는 다양한 등장인물이 있기에 이러한 방법은 매우 폭넓은 묵상을 가능하게 한다. 또 서신서와 같은 강화체 본문이라면, 말을 하는 사람의 입장과 말을 듣는 사람의 입장이 각각 되어봄으로 그 본문에 대한 공감적 이해를 끌어낼 수 있다.

연구를 통해 본문에 대한 입체적인 정보를 얻었다면 본문의 등장인물 입장이 되어보기가 훨씬 용이하다. 예를 들어 당시 고린도가 어떤 도시였는지를 파악하면 바울의 편지를 받은 고린도 교회 성도들이 어떤 마음이었는지 또 어떤 마음으로 바울의 편지를 읽었을지 추론하기가 좋다. 다른 예로 당시 이집트 문명에 대한 이해가 있다면 바로가 어떤 사람이었는지와 함께 바로 앞에 선 모세의 마음을 이해하기가 훨씬 용이하다.

② 저자의 의도를 추론하기

성경의 유기적 영감을 믿는다면 성경 저자의 의도는 곧 '성령의 의도'가 된다. 즉 '하나님이 무엇을 말씀하시는가?'를 파악하기 위해서는 '왜 성경의 저자(모세, 마태, 바울 등)가 이렇게 기록했을까?'라는 질문이 중요한 것이다. 그리고 본문에 대해 저자의 의도를 추론하는 훈련이 필요하다.

서신서의 경우에는 저자와 등장인물의 구분이 따로 없기에 저자의 입장에 서보기가 쉽다. 그러나 내러티브 본문의 경우에는 등장인물의 입장이 되어보는 것과 저자의 의도를 파악하는 것은 상당히 다르다. 예를 들어 복음서를 다룰 때 예수님이나 베드로, 빌립 등의 입장이 되어보는 것과 그 복음서를 쓴 마태나 마가 등의 입장이 되어 '왜 이 이야기를 여기서 이런 방식으로 쓰고 있나?'를 다루는 것은 전혀 다른 차원의 묵상이 된다.

이것은 연구의 깊이가 상당 수준에 이르러야 쓸 수 있는 조금 어려운 방법이다. 하지만 묵상의 깊이를 크게 발전시키고 성경을 전체적으로 이해하는 데 큰 도움을 준다. 큐티의 가장 큰 단점 중 하나인 성경을 파편화하여 이해하는 것을 훌륭하게 보완해 주는 묵상법이라 할 수 있다.

③ 하나님의 섭리를 추론하기

조금 큰 그림에서 묵상을 진행하는 것도 가능하다. 본문의 사건이 하나님의 큰 그림 안에서 어떤 의미를 가지는가를 생각해보는 것이다. 작게는 앞뒤 문맥을 따져서 본문의 사건이 일어나게 된 배경이나 원인을 생각해보는 것에서부터 시작하여, 크게는 성경 66권 전체의 맥락이나 교회사 또는 세계사의 맥락까지 동원되는 큰 틀의 묵상까지 가능하다.

이는 본문의 등장인물이나 저자의 입장이 아니라 그 상황을 내려다보시는 하나님의 입장에 서보는 것이라고도 할 수 있다. 하나님께서 그들의 모습을 보시며 어떤 마음을 가지고 어떤 섭리를 진행하셨는가를 추론해보는 것이다.

'묵상'은 D형 큐티 전체를 통틀어 가장 흥미진진한 부분이라고 생각한다. 성도들의 거룩한 상상력을 자극하고 본문을 공감하며 이해할 수 있도록 훈련하는 데는 묵상만 한 것이 없다. 성경을 어려운 고대 문서 정도로 대하던 사람들은 묵상을 통해 말씀이 살아 역사하심을 깨닫게 될 것이다.

3. 보편타당한 신앙의 원리로 만들라

연구와 묵상을 통해 질문에 대한 답을 찾았다면, 그 답을 보편타당한 하나의 원리로 기록할 필요가 있다. 왜 이 과정이 필요할까? 성경은 지금 시대가 아닌 이전 시대에 주어진 하나님의 말씀이기 때문이다. 그 진리를 오늘날 우리의 현실에 적용하려면 시대 문화와 그 문화 속에 하나님이 주신 원리를 구분할 수 있어야 한다. 그렇게 할 때 문화를 적용하는 것이 아니라 보편타당한 원리를 적용할 수 있다.[58]

연구와 묵상의 내용을 보편타당한 원리로 만드는 과정을 살펴보자.

시온 딸에게 이르기를 네 왕이 네게 임하나니 그는 겸손하여 나귀, 곧 멍에 메는 짐승의 새끼를 탔도다 하라 하였느니라(마태복음 21:5).

본문은 예수님이 나귀를 타고 예루살렘에 입성하시는 장면이다. 많은 사람이 "호산나!"를 외치는 그곳을 예수님께서는 나귀를 타고 지나셨다. 이 본문을 보면서 우리는 문화와 원리를 구분할 수 있어야 한다.

만약 문화와 원리를 구분하지 못하여 '예수님처럼 우리도 나귀를 타고 다녀야 한다'고 말한다면 그 문화 속에 담긴 신앙의 원리를 발견하지 못한 것이다. 반면 본문 속에서 바른 원리를 발견했다면 '하나님 나라의 리더십은 군림하고 통치하는 것이 아니라 겸손하게 섬기는 것이다'라고 말할 것이다. 후자처럼 원리를 만들게 되면 오늘날의 문화에서도 쉽게 적용할 수 있다. 왜냐하면 성경 안에 있는 문화를 초월한 보편타당한 원리를 바르게 발견했기 때문이다.

이렇게 보편타당한 신앙의 원리로 명제화하는 것은 오늘을 사는 우리에게 적용을 훨씬 쉽게 해주고 한 번의 적용이 아닌 평생 기억하고 순종해야 할 영원한 진리를 소유하게 해주는 장점이 있다.

---

58 다니엘 도리아니, 《해석, 성경과 삶의 의미를 찾다》(성서유니온, 2011), pp205~208.

또 하나의 예를 들어보자.

NOTE

> [2]이스라엘 자손에게 말하여 이르라 육지의 모든 짐승 중 너희가 먹을
> 만한 생물은 이러하니 [3]모든 짐승 중 굽이 갈라져 쪽발이 되고 새김질
> 하는 것은 너희가 먹되 [4]새김질하는 것이나 굽이 갈라진 짐승 중에도
> 너희가 먹지 못할 것은 이러하니 낙타는 새김질은 하되 굽이 갈라지지
> 아니하였으므로 너희에게 부정하고(레위기 11:2~4).

레위기 11장의 말씀은 정한 짐승과 부정한 짐승을 구분하여 먹을 수 있
는 것과 먹을 수 없는 것을 말하고 있다. 그렇다면 구약의 제사법은 예수
그리스도를 통해 완전히 해결되었기에 오늘날은 지키지 않아도 되는 법일
까? 나아가 이런 본문은 적용 없이 무시하고 넘어가야 할까? 당신은 어떻
게 생각하는가? 물론 오늘날 구약의 제사법을 지키는 것은 잘못된 적용이
다. 그렇다고 그냥 무시하고 넘어가야 한다면 우리는 구약 중에 대부분을
버려야 할 것이다. 그렇다면 어떻게 해야 할까?

하나님의 말씀은 진리이기에 절대 변하지 않는다. 즉 문화는 변하지만,
그 문화 속에 심겨주신 하나님의 진리는 시대가 흘러도 변하지 않는 보편
타당한 신앙의 진리라는 것이다. 그리고 이 보편타당한 신앙의 진리는 우리
가 오늘을 살아갈 삶의 원리가 된다.

이러한 본문을 해석하려면 구약의 율법이 단순한 판례법(case law)이 아
니라 실례법(illustrative law)임을 알아야 한다.[59] 다시 말해 구약 시대의 사
건으로 끝나는 것이 아니라 그 사건을 통해 오늘날 우리 세대에 알려주시
는 하나님의 진리이다.

---

59 김성수, 〈구약신학 강의안〉, p77.

'무엇을 먹으라, 먹지 말라'는 것은 문화이나 이러한 문화적인 예를 통해 삶에서 가장 작은 영역인 먹고 마시는 것에서부터 '거룩'을 실천하라는 보편타당한 원리가 담겨 있음을 발견할 수 있다. 제사의 거룩에서 일상생활의 거룩으로, '거룩'을 확대해가는 것이다. 그래서 레위기의 말씀을 오늘날 문화에 적용하면 '나의 삶의 가장 작은 영역에서부터 거룩을 실천해야 한다'라는 적용을 끌어낼 수 있다.

레위기는 1~10장까지 제사에 관한 내용을 기록하고 있다. 그리고 11장의 시작에서 바로 일상의 거룩을 이야기한다. 결국 레위기 전체의 메시지는 제사의 거룩이 일상의 거룩으로, 또 일상의 거룩이 나의 삶 전부를 산 제물로 드리는 온전한 거룩으로 나아가는 것을 이야기하는 것이다.

성경은 하나의 사건으로 기록되어 있지만, 그 사건 속에서 보편타당한 원리를 발견해내는 것은 모든 성경은 영원한 진리임을 확인하는 것이다. 나아가 오늘날 나의 삶에 적용이 가능하도록 도와준다. 그래서 질문과 답으로 연구와 묵상을 정리하고 나서 보편타당한 원리로 명제화하는 것은 신앙생활에 큰 유익을 가져다준다. 이러한 원리 중 가장 중요한 원리를 D형 큐티의 제목으로 삼아도 좋다.

마지막으로 보편타당한 원리는 D형 큐티에서만 필요한 것은 아니다. B형이나 C형 큐티를 할 때도 활용하면 좋다.

1. 내용관찰: 본문에서 무엇을 보는가?

   1) 전체적으로 관찰하라: 문맥을 따라, 다양한 번역본으로 관찰하라

   2) 구체적으로 관찰하라: 관찰의 도구를 활용하라

      ① 육하원칙을 적용하라

      ② 주어를 파악하고, 동사에 집중하라

      ③ 접속사에 유의하라

      ④ 인과관계를 살피라

      ⑤ 모르는 단어와 문장, 내용에 표시하라

   3) 질문하라: 관찰을 통해 발견한 내용을 가지고 질문하라

2. 연구와 묵상: 본문은 무엇을 의미하는가?

   1) 연구를 통해 질문에 답을 찾아라

   2) 묵상을 통해 질문에 답을 찾아라

   3) 보편타당한 신앙의 원리로 만들라

3. 느낌

   1) 깨달은 진리를 가지고 하나님께 충분히 기도하라

   2) 보편타당한 진리를 자신의 삶에 비추어 느끼는 감정을 살피라

4. 결단과 적용

   1) 태도와 행동의 변화를 결단하라

   2) 구체적인 행동 지침을 가지고 실천하라

5. 소그룹 나눔

³²저물어 해 질 때에 모든 병자와 귀신 들린 자를 예수께 데려오니 ³³온 동네가 그 문 앞에 모였더라 ³⁴예수께서 각종 병이 든 많은 사람을 고치시며 많은 귀신을 내쫓으시되 귀신이 자기를 알므로 그 말하는 것을 허락하지 아니하시니라 ³⁵새벽 아직도 밝기 전에 예수께서 일어나 나가 한적한 곳으로 가사 거기서 기도하시더니

_마가복음 1:32~35

3부

D형 큐티의
실제

마가복음 1:32~35을 중심으로

여기에 제시된 D형 큐티는 하나의 예이다. 따라서 반드시 이 틀을 따라야 하는 것은 아니다. '내용관찰-연구와 묵상-느낌-결단과 적용'으로 구성된다면 모두 D형 큐티다.

내용
관찰

전체적으로 관찰하라

³²저물어 해 질 때에 모든 병자와 귀신 들린 자를 예수께 데려오니 ³³온 동네가 그 문 앞에 모였더라 ³⁴예수께서 각종 병이 든 많은 사람을 고치시며 많은 귀신을 내쫓으시되 귀신이 자기를 알므로 그 말하는 것을 허락하지 아니하시니라 ³⁵새벽 아직도 밝기 전에 예수께서 일어나 나가 한적한 곳으로 가사 거기서 기도하시더니(마가복음 1:32~35).

본문을 반복해서 읽고, 한 문장으로 요약하면 다음과 같을 것이다.

예수님은 바쁘신 사역 가운데서도 기도를 우선순위에 두셨다.

구체적으로 관찰하라

1. 육하원칙을 적용하라

다음의 본문을 앞서 배운 대로 육하원칙에 대입해 관찰하라.

> 새벽 아직도 밝기 전에 예수께서 일어나 나가 한적한 곳으로 가사 거기서 기도하시더니(마가복음 1:35).

1) 언제(When)

"새벽 아직도 밝기 전"이다. 육하원칙을 적용하지 않았을 때는 아무런 느낌 없이 지나간 구절이었을 것이다. 하지만 육하원칙을 통해 살펴보면 좀 더 선명한 의미로 다가온다. '아! 예수님은 새벽, 아직 해가 뜨기도 전에 기도하셨구나'라고 말이다. 그러면 이어지는 질문이 있다. '예수님은 왜 굳이 새벽에 기도하셨을까?'라는 질문이다. 이 질문에 대해서는 아마도 다양한 답이 나올 수 있을 것이다. '새벽이 좋아서', '너무 바빠서 새벽 시간밖에 낼 수 없어서', '사람들이 워낙 예수님을 따라다녔기 때문에 사람들이 없는 시간이어서', '하루의 첫 시작을 하나님과 교제하고 싶어서' 등 이런 다양한 답들과 생각들이 나올 수 있다. 이와 같은 현상은 바로 육하원칙 중의 하나인 '언제'(When)라는 도구를 사용했기에 가능한 것이다.

2) 어디서(Where)

"한적한 곳"이다. '예수님은 왜 한적한 곳까지 나가셨을까?'라는 질문에도 다양한 답이 나올 수 있다. '아무에게도 방해받지 않고 하나님과 교제하시기 위해서', '다른 사람에게 방해가 될까 봐', '좋아하던 장소여서' 등 다양한 생각들을 할 수 있다.

그뿐만 아니라 한적한 기도의 장소가 없는 사람들에게는 좋은 적용도 될 수 있다. '매일 지하철 안에서 쫓기듯 큐티를 했는데, 이제는 조금 일찍 출근해 조용한 시간에 하나님과 교제해야겠다'는 결론에 도달할 수도 있다.

3) 누가(Who)

"예수님"이다. 예수님께서 기도하셨다. '하나님의 아들이신 예수님께서 이 땅에 오셔서 이렇게 기도하셨는데 왜 나는 기도하지 않을까?'라고 생각할 수도 있다. 그렇게 된다면 자신의 게으름과 기도하지 못함에 대해 회개하게 될 것이고 기도 시간을 결단하는 적용으로 이어지게 될 것이다.

4) 무엇을(What)

"기도"이다. 예수님께서 기도하셨다. '왜 예수님에게 기도가 필요했을까?'라는 질문으로 이어질 수도 있다. '예수님은 전능하신 분인데, 왜 하나님께 기도해야 할까?'라는 생각에까지 미치면, 예수님의 신성과 인성에 대해 또한 삼위일체에 대한 '연구'로 이어질 수 있다.

5) 어떻게(How)

본문에는 예수님께서 어떻게 기도하셨는지에 대해 나오지 않는다. 여러 가지를 상상할 수는 있겠지만, 확신하기에는 근거가 되는 내용이 부족하다. 이럴 때는 억지로 해석하기보다 성경이 가는 곳까지만 가고 성경이 멈추는 곳에서 멈추면 된다.

6) 왜(Why)

'왜 기도하셨는가?'라는 질문에 대한 답은 본문에 명확하게 드러나 있지 않다. 하지만 문맥을 살펴보면 자연스럽게 유추할 수 있다. '예수님은 왜 새벽에 일어나 기도하셔야만 했을까?'라는 질문에 대한 답을 구하려면 뒤에 나올 '접속사를 유의하라'는 부분과 같이 생각하면 도움이 될 것이다.

2. 접속사에 유의하라

2부에서 C형 큐티를 설명할 때 '더 깊은 내용관찰을 위해'에서는 '주어를 파악하고 동사에 집중하라'가 먼저 나오지만, 성경 본문의 흐름에 따라 원활한 설명을 위해 '접속사에 유의하라'를 먼저 언급하고자 한다.

성경에서 접속사는 중요한 역할을 한다. 문장이 순접인지, 역접인지, 또는 원인에 대한 결과인지를 분명하게 알려주기 때문이다. 앞에서 언급했듯 한글 성경은 접속사가 많이 생략되어 있다. 그래서 접속사를 명확하게 이해하려면 다른 번역본의 도움을 받는 것이 좋다. 특히, 영어 성경은 접속사가 분명하게 잘 드러나 있다.

다음의 본문에서 접속사를 찾아보라. 한글 성경에는 "저물어 해 질 때에"라고 시작하지만, 영어 성경을 보면 조금 다르게 표현되어 있다.

저물어 해 질 때에 모든 병자와 귀신 들린 자를 예수께 데려오니(마가복음 1:32).

And at even, when the sun did set, they brought unto him all that were sick, and them that were possessed with demons.(ASV, Mark 1:32)

《ASV》성경은 첫 단어를 'And'로 시작하는데 이것은 그 앞의 구절과 연결되는 내용이라는 뜻이다. 그러면 우리는 "저물어 해 질 때에" 보다 더 앞서 어떤 일들이 있었는지 문맥을 살펴보아야 한다.

접속사 'And'가 연결해주는 앞 문장의 내용을 살펴보면, 이야기는 예수님께서 안식일 오전에 회당에 들어가셔서 설교하시는 21절부터 시작된다. 그 내용을 정리하면 다음과 같다.

안식일 오전(마가복음 1:21~28)
예수님께서는 안식일 오전에 회당에 들어가셔서 가르치셨다. 그 가르침이 서기관들과 같지 않고 권위가 있었다고 말하는 것으로 보아 열정적으로 온 힘을 다해 가르치셨을 것이다. 또 설교 후에 귀신 들린 사람들이 소리를 질러서 귀신을 꾸짖고 그 사람에게서 귀신을 나오게 하셨다.

안식일 오후(마가복음 1:29~31)
오전에 설교하시고 귀신 들린 사람을 고치신 예수님께서는 오후에 베드로의 집에 들어가셔서 병든 베드로 장모의 열병을 고쳐주셨다. 그리고 여자가 예수님께 수종을 들었기 때문에 단순한 병 고침 외에 여러 가지 이야기들을 나누었을 것으로 생각된다.

안식일 저녁(마가복음 1:32~34)
결국 32절의 "저물어 해 질 때에"는 단순한 저녁이 아닌, 그날 오전부터 저녁까지 계속되는 예수님의 사역이 있었다는 것을 알려준다. 이처럼 접속사 하나를 자세히 본 것만으로도 우리는 더 많은 정보를 본문에서 얻을 수 있다. 그리고 단순히 32절만 보았을 때와는 사뭇 느낌이 달라졌을 것이다. 그냥 저녁 시간이 아닌 온종일 일하시고 피곤하신 저녁 시간이기 때문이다.

NOTE

예수님께서는 주일 설교를 마치고 모든 행정 업무와 회의가 끝이 난 그날 저녁에 피곤한 몸을 이끌고 집으로 돌아갈 때의 모습과 같았을 것이다. 그런데 그 저녁에 모든 병자와 귀신 들린 자들이 다 예수님이 계신 문 앞에 온 것이다.

접속사를 통해 여기까지 정보를 얻었다면 다시 육하원칙의 '왜'(Why)라는 부분으로 돌아가 관찰해보자.

새벽 아직도 밝기 전에 예수께서 일어나 나가 한적한 곳으로 가사 거기서 기도하시더니(마가복음 1:35).

이제는 이 본문이 어떻게 보이는가? 이전과는 다른 의미로 다가오지는 않는가? 예수님께서는 온종일 피곤한 인생을 사셨다. 그만큼 고통 가득한 세상에서 예수님을 찾는 사람들이 많았기 때문이다. 아침부터 오후까지 피곤한 사역을 하신 예수님께서는 저녁에도 모든 병자와 귀신 들린 자들을 다 고쳐주셨다. 그 많은 사람을 어떻게 고치셨는가?

이후에 '연구'에서 말하겠지만, 예수님의 병 고침의 방식은 무리를 향해 한 번에 병을 고치시는 방식이 아니다. 일일이 손을 대고, 한 사람 한 사람을 고치셨다. 성경은 온 동네가 다 모였다고 말하는데 몇 명 정도였을까? 예수님께서 해 질 때부터 한 사람 한 사람을 다 고치셨다면 도대체 몇 시에 잠이 드셨을까? 그리고 얼마나 많이 피곤하셨을까?

35절은 "새벽 아직도 밝기 전에"라고 기록한다. 예수님께서는 왜 그토록 피곤하신 상태에서 새벽에 그것도 해가 뜨기도 전에 기도하러 한적한 곳으로 가셨을까? 이에 대하여 당신은 어떠한 답이 떠오르는가? 생각보다 다양한 답이 나올 것이다. '우리에게 기도의 본을 보여주시기 위해서', '매일 기도하시는 습관이 있었기 때문에' 등과 같이 말이다. 모두 다 충분히 성경적으로 유추해 볼 수 있는 건전한 답이다.

하지만 내 기억 속에 아직도 생생히 남아 있는 답이 하나 있다. '그렇게 피곤하심에도 불구하고 예수님은 하나님과의 교제가 가장 설레는 기쁨이셨기 때문'이라는 한 훈련생의 답이었다.

성경은 예수님께서 왜 기도하셨는지에 대하여 명확하게 이야기해주지 않는다. 그러나 성경에 나타나지 않는다고 하여 유추하거나 해석하지 못하는 것은 아니다. 육하원칙을 적용함으로 건전한 울타리 안에서 바른 해석이 얼마든지 가능하기 때문이다.

너무나 피곤하셨음에도 불구하고 그 새벽에 일어나 기도하시는 예수님의 마음은 아마도 설레는 기쁨으로 충만했을 것이다. 이런 결론에 도달하면 평소 기도를 게을리한 사람들은 '나의 기도 시간은 어떠한가?'라는 반성을 할 수도 있다. 또한 늘 기도하던 사람들도 '나의 기도 생활에도 이런 설레는 기쁨이 있는가?'라고 반성할 수도 있다.

지금까지 본문을 관찰하면서 많은 이야기를 했지만 사실 우리가 실제로 적용해본 것은 육하원칙과 접속사뿐이다. 계속하여 본문을 관찰해보라.

3. 주어를 파악하고, 동사에 집중하라

저물어 해 질 때에 모든 병자와 귀신 들린 자를 예수께 데려오니(마가복음 1:32).

본문에서 주어는 무엇인가? 참고로, 우리나라 말은 주어가 생략되는 경우가 많다. 일반인이 주어인 경우에는 문장에서 생략되는 것이 보통이다. 본문에서는 '모든 병자와 귀신 들린 자를 예수님께 데려온 것'이 주어이다.

That evening at sundown they brought to him all who were sick or oppressed by demons.(ESV, Mark 1:32)

《ESV》 성경에는 'they'(그들)이라고 명시되어 있다. 주어에 집중하면 '동사'의 뜻을 명확하게 알 수 있게 된다: '그들이 ~ 데려왔다.' 성경에는 이름이 등장하지 않았지만, 누군가 병자들과 귀신 들린 자를 데리고 왔기에 그들이 고침을 받을 수 있었다. 그러면 이렇게 생각할 수 있을 것이다. '성경에 이름이 나타나지 않지만, 누군가의 섬김과 도움을 통해 병자와 귀신 들린 자들이 예수님께 나아올 수 있었다'라고 말이다. 이처럼 한 사람이 예수님을 만나기 위해서는 이름도 없이 섬기는 사람들이 필요하다.

그러면 이제 동사를 파악해보자. 많은 동사가 있지만 가장 처음에 등장하는 동사는 바로 "데려오니"라는 동사다. "데려오니"라는 동사는 설명의 편의를 위해 '연구와 묵상'에서 좀 더 자세히 다룰 것이다. 여기서는 "데려오니"라는 동사를 발견했다는 것만 기억하자.

4. 인과관계를 살피라

구체적인 관찰에서 인과관계란 반드시 원인과 결과만을 이야기하는 것이 아니다. 강조, 반복, 비슷한 것, 상반된 것, 원인과 결과 등 다양한 문법적 관찰을 말한다. 그런데 이러한 과정을 '인과관계'라는 하나의 틀로 이야기하는 이유는 무엇일까?

개인 성경 연구에서 말하는 다양한 것들을 다 소개하면 D형 큐티가 너무 복잡해지고 실제로 큐티할 때 너무 많은 시간을 허비하게 된다. 따라서 읽으면서 자연스럽게 의문을 가지고 이해할 수 있는 눈을 기르는 것이 더 중요하다.

> ³²저물어 해 질 때에 모든 병자와 귀신 들린 자를 예수께 데려오니 ³³온 동네가 그 문 앞에 모였더라 ³⁴예수께서 각종 병이 든 많은 사람을 고치시며 많은 귀신을 내쫓으시되 귀신이 자기를 알므로 그 말하는 것을 허락하지 아니하시니라 ³⁵새벽 아직도 밝기 전에 예수께서 일어나 나가 한적한 곳으로 가사 거기서 기도하시더니(마가복음 1:32~35).

본문에서 자주 눈에 띄는 단어는 '모든', '온', '각종', '많은'이라는 단어들이다. 결국 예수님께서 "저물어 해 질 때"부터 긴 시간을 활용해 사람들을 고치셨다는 것이다. 그리고 새벽에 일어나셨다.

또 주어를 파악할 때 언급했지만 누군가가 병자와 귀신 들린 자를 데려왔기 때문에 그들이 고침을 받을 수 있었다.

5. 모르는 단어와 문장, 내용을 표시하라

> 예수께서 각종 병이 든 많은 사람을 고치시며 많은 귀신을 내쫓으시되 귀신이 자기를 알므로 그 말하는 것을 허락하지 아니하시니라(마가복음 1:34).

"귀신이 자기를 알므로"와 '왜 말하는 것을 허락하지 않았는지', 또한 '병자들을 어떻게 고치셨는지'에 대하여 우리는 궁금증을 가질 수 있다. 그러면 이러한 부분에 표시하면 된다.

질문하라

내용관찰의 마지막 단계는 질문하는 것이다. 지금까지 관찰한 내용 중에서 궁금했던 것 또는 이해되지 않았던 것을 질문 형식으로 기록하라. 구체적 관찰을 통해 궁금했던 부분과 이해되지 않는 부분에 대해 무차별적으로 질문을 던져보는 것이다. 황당한 질문도 좋다. 얼마든지 상상하고 질문하라.

Q1. 예수님께서는 각종 많은 병자를 어떻게 고치셨을까?(34절)

Q2. 왜 병자들과 귀신 들린 자들은 자기 발로 걸어오지 않고 누군가가 데리고 왔을까?(32절)

Q3. 귀신들이 예수님을 안다는 말은 무슨 뜻일까?(34절) 귀신들이 좋은 뜻으로 알았다는 것일까, 아니면 적대적으로 알았다는 뜻일까?

Q4. 예수님께서 그 말하는 것을 허락하지 않았다는 것은 무슨 뜻일까?(34절)

Q5. 예수님께서는 그렇게 피곤하신데도 다음날 새벽에 왜 기도하러 가셨을까?(35절)

내용관찰: 본문에서 무엇을 보는가?

1. 전체적으로 관찰하라: 문맥을 따라, 다양한 번역본으로 관찰하라

2. 구체적으로 관찰하라: 관찰의 도구를 활용하라

　　1) 육하원칙을 적용하라

　　2) 주어를 파악하고, 동사에 집중하라

　　3) 접속사에 유의하라

　　4) 인과관계를 살피라

　　5) 모르는 단어와 문장, 내용에 표시하라

3. 질문하라: 관찰을 통해 발견한 내용을 가지고 질문하라

연구와
묵상

연구를 통해 질문에 답을 찾아라

지금까지 '내용관찰'을 통해 질문을 던졌다면, '연구'를 통해 질문에 대한 답을 찾아보자.

Q1. 귀신들이 예수님을 안다는 말은 무엇이며, 그들은 예수님께 무슨 말을 했는가?

이 질문에 대해 답을 찾으려면 다양한 번역본과 관주 성경을 참고하면 된다. 관주 성경을 보면 마가복음 3장 11~12절이 연관 구절로 나온다.

> ¹¹더러운 귀신들도 어느 때든지 예수를 보면 그 앞에 엎드려 부르짖어 이르되 당신은 하나님의 아들이니이다 하니 ¹²예수께서 자기를 나타내지 말라고 많이 경고하시니라(마가복음 3:11~12).

11절에서 귀신들은 예수님을 향해 "당신은 하나님의 아들이니이다"라고 말한다. 또 예수님은 그렇게 말하는 귀신들에게 "자기를 나타내지 말라고 많이 경고"(12절) 하신다. 그러면 좀 더 확장해 하나의 질문을 더 던질 수 있다. "하나님의 아들"이라는 고백을 예수님께서는 왜 하지 말라고 하셨을까? 이러한 질문들은 깊이 묵상을 하고 기도를 해도 답이 나오지 않을 때가 있다. 이때 필요한 것이 바로 '주석 성경'이다.

칼빈의 공관복음 주석은 다음과 같이 말한다.

> 실로 예수께서는 자신이 사악한 존재에 의해 그 신분이 밝혀지기를 원치 않으셨다. 먼저 온전히 당신의 신성을 드러내실 때가 이르지 않았고, 또 당신의 신성을 드러내시는 전령이나 증인으로 귀신들을 사용하기를 거절하셨던 것이다.[60]

도널드 잉글리쉬는 자신의 저서 《BST 마가복음 강해》에서 다음과 같이 설교하였다.

> 자신의 권세를 과시하기 위한 방편으로 기적들을 행하는 것은 예수님과 너무나 거리가 멀었기 때문에 예수님은 그 악한 영들이 자신의 이름을 부르는 것을 금하신다. …… 예수님은 자신의 권위 있고 능력 있는 행동을 통해 자신이 누구신지를 입증하려 하지는 않으셨다.[61]

---

60 요한 칼빈, 《칼빈주석17: 공관복음》, (크리스천다이제스트, 2011), p248.
61 도널드 잉글리쉬, 정옥배 역, 《마가복음 강해》, (IVP, 2008), p76.

예수님께서 귀신들에게 자신을 허락하지 않은 것은 귀신들에 의해 하나님의 아들 메시야임이 드러나기를 원치 않으셨기 때문이다. 또한 능력과 기적 같은 행동을 통해 자신이 누구인지를 입증하려 하지 않으신 것을 알 수 있다. 이처럼 주석을 통해 얻은 답은 자연스럽게 또 다른 묵상으로 우리를 인도한다. '나는 어떤가? 나는 인정받기 위해 열심히 행하는 모습은 없는가?', '다른 사람의 시선을 위해서 살아가는 것은 아닌가?'라고 말이다.

2차 자료인 주석을 통해 관찰에서 말한 질문에 답을 얻었다. 그러나 단순히 답을 얻는 것으로 만족하지 말고, 그 답을 가지고 다시 묵상하는 단계를 통해 주석의 진리가 살아서 역사하는 과정이 되게 해야 한다. 그렇게 되면 단순히 질문의 확인이 아니라 또 다른 묵상의 세계로 우리를 인도하는 도구가 된다.

Q2. 모든 병자를 어떻게 고치셨을까?

이 질문에 대한 답도 관주를 통해 해결할 수 있다. 관주를 보면 누가복음 4장 40절이 연관 구절로 나온다.

> 해 질 무렵에 사람들이 온갖 병자들을 데리고 나아오매 예수께서 일일이 그 위에 손을 얹으사 고치시니(누가복음 4:40).

누가복음 4장 40절은 본문의 사건을 좀 더 구체적으로 기술하고 있다. 예수님께서는 피곤하심에도 불구하고 저녁에 모인 모든 병자에게 "일일이 그 위에 손을 얹으사" 고쳐주셨다. 예수님께서는 온종일 피곤하셨지만 한 사람 한 사람의 영혼을 일일이 만지시면서 고치시는 분임을 우리는 본문을 통해 깨닫게 된다. 그분에게 인간은 단순한 사역의 대상이 아니라 하나님의 고귀한 형상이다. 사역을 위한 대중이 아니라 천하보다 귀한 한 영혼으로 우리를 대하시는 분이다. 우리는 어떠한가? 우리도 힘들고 소외된 사람들을 그렇게 바라보고 있는가?

연구의 과정을 통해 질문에 대한 답을 찾았다면 이제는 묵상의 단계로 들어가야 한다. '연구'가 성경 이외의 2차 자료를 통해 질문에 답을 찾는 과정이었다면 '묵상'은 그 답을 가지고 더 깊이 생각하면서 본문으로 들어가는 과정이다.

묵상을 통해 질문에 답을 찾아라

내용관찰에서 잠시 언급했던 동사 "데려오니"에 주목해보자.

> 저물어 해 질 때에 모든 병자와 귀신 들린 자를 예수께 데려오니(마가복음 1:32).

Q3. 왜 병자들과 귀신 들린 자들을 '데려와야' 했을까?

'데려왔다'는 말은 능동적인 뉘앙스보다는 수동적인 뉘앙스가 더 강한 단어다. 사람들이 자기 발로 예수님께 나왔다면 '데려왔다'는 단어를 사용하지 않았을 것이다. '데려왔다'는 말은 결국 자기 발로 걸어서 오지 못하는 사람들이 있었다는 것을 알려주는 단어다.

왜 그 사람들은 자기 발로 예수님께 나오지 못했을까? 아마도 움직일 수도 없을 만큼 고통 가운데 있는 사람들이었을 수 있다. 또 사지가 마비되어 침대를 들고 예수님께 나왔을 수도 있다. 본문은 "모든 병자"라고 말한다. 여기서 "모든"이라는 말 속에는 움직이지 못하여 반드시 누군가의 도움이 필요한 사람들이 있었을 것이다.

또 귀신 들린 자들은 어떻게 왔을까? 아마 제 발로 스스로 걸어오지 않았을 것이다. 어쩌면 가족들이나 사랑하는 친구들이 그를 붙잡고 억지로 데려왔을 것이다. 이처럼 거룩한 상상력을 발휘해 본문 속으로 들어가 보자.

온 동네가 그 문 앞에 모였더라(마가복음 1:33).

모든 병자와 귀신 들린 자가 다 예수님의 문 앞에 모였다. 33절은 "온 동네가 그 문 앞에 모였더라"고 기록하고 있다. "온 동네"가 다 모였다. 그렇다면 그 장소는 어땠을까? 거룩한 상상력을 발휘하여 그 장소로 들어가 보라. 무엇이 느껴지는가? 생생한 그 날의 현장감을 느끼는 것이 바로 묵상의 과정이다. 철저한 관찰과 연구가 바탕이 된 묵상은 우리를 예수님의 마음 깊은 곳으로 인도한다.

모든 병자와 귀신 들린 자가 가득 모인 그날의 그곳은 조용했을까? 모두가 경청하며 예수님의 음성에 귀를 기울였을까, 아니면 중증환자들의 고통 소리, 신음, 귀신 들린 자들이 고함이 가득하여 아수라장과 같은 곳이었을까? 아마도 후자이지 않았을까? 신음과 고통 소리, 그리고 귀신 들린 자들의 소리가 뒤섞인 그 고통의 현장에서 예수님의 마음은 어떠셨을까?[62]

---

62 이문장, 《한국인을 위한 성경 읽기의 새 길》(이레서원, 2010), pp74~75.

지성의 깨달음이 감정적 확신으로 내려오기까지 세 가지 정도의 질문을 던지는 것이 좋다. 첫째는 그 본문에 등장하는 하나님의 마음을 느끼는 것, 둘째는 저자와 등장인물의 마음, 셋째는 내 마음의 우상을 돌아보는 것이다. 그렇다면 이 본문에 나타난 고통스러워하는 사람들이 가득한 현장에서 예수님은 어떤 마음이셨을까?

'사람이라는 존재가 하나님과 더불어 영원히 살도록 창조된 존재인데, 지금 죄 가운데 타락하여 병들고 고통받고 있구나. 그 죄의 문제를 내가 반드시 해결해서 죄와 죽음이 없는, 고난이 없는 영원한 하나님의 나라로 너희를 인도하리라'고 생각하셨을 수도 있다. 또 정확하게 우리가 알 수는 없지만 어떤 슬픔과 아픔을 예수님은 느끼셨을 것이다. 아수라장과 같은 수많은 병자가 있는 그 고통의 현장에서 죄로 인해 고통받는 인간을 향한 슬픔을 예수님은 느끼시지 않았을까?

우리는 이러한 묵상의 과정을 통해 기록된 진리가 선포되는 진리로 바뀌어야 한다. 현장에서 가슴 아파하시는 예수 그리스도의 마음을 함께 느끼는 것 그것이 바로 묵상의 힘이다.

보편타당한 신앙의 원리로 만들라

앞서 말했듯 보편타당한 신앙의 원리로 만드는 것은 내가 받은 개인적인 은혜를 어느 시대와 어느 사람들에게도 적용할 수 있는 신앙의 원리로 명제화하는 것을 말한다.

대부분의 큐티는 '오늘 하나님이 나에게 어떤 말씀을 하시는가?'라는 것에만 집중한다. 그러나 성경은 오늘, 지금 이루어지는 사건에 대해서만 말씀하시는 것이 아니다. 오늘을 살아갈 부적이 아니라 평생을 바라보고 살아야 할 신앙의 기준을 세워주는 것이다. 따라서 당장 오늘이 아니더라도 평생을 살면서 적용할 원리로 만들어 놓으면 앞으로 살아가면서 적용하기도 쉽고 또 다른 사람들에게도 신앙의 원리를 전수해 줄 수 있는 장점이 있다.

연구와 묵상을 통해 관찰에 대한 답을 찾았다면 그것을 가지고 보편타당한 신앙의 원리로 만들어보라. 다음의 예를 참고하여 직접 만들어보라.

1. 하나님과의 관계가 사역보다 더 중요한 우선순위다.
2. 기도하지 못하는 것은 환경의 문제만이 아니다.
3. 예수님의 사역은 한 사람 한 사람의 인격을 바로 세우는 사역이다.
4. 예수님께 나아가기 위해 누군가의 도움이 필요한 사람들이 있다.

느낌

깨달은 진리를 가지고 하나님께 충분히 기도하라

'느낌'은 깨달은 진리를 삶으로 연결하는 과정이다. 깨달은 진리를 가지고 기도함으로 정적인 확신이 서게 하라. 묵상과 연결되도록 하여 하나님의 마음을 느끼면서 기도하는 것도 좋다.

기도 속에서 모든 병자와 귀신 들린 자, 그리고 모인 사람들을 향한 예수님의 마음을 깊이 느껴야 한다. 또 한 사람 한 사람 일일이 만지며 고치신 예수님의 사랑에 대해 생각하며 기도할 수 있다.

무엇보다 피곤하신 중에도 기도하셨던 예수님을 생각하면서 나 자신의 죄와 게으름에 대해 회개할 수도 있다. 이처럼 느낌은 연구와 묵상을 통해 깨달은 진리를 나의 삶으로 연결하며 기도하는 시간이다. 이때 성령께서 강하게 역사하신다.

연구와 묵상을 통해 발견한 진리 외에도 움직일 수 없는 병자에 일일이 손을 얹어 기도하시는 예수님의 모습과 그 움직일 수 없는 병자 된 나의 모습이 오버랩되기도 한다. 전적 타락으로 죽을 수밖에 없는 나에게 손을 대시는 예수님의 사랑 앞에 감사하며 기도하라.

다음의 예를 참고하여 느낌을 적고 기도해보라.

예수님! 안식일 설교 후에 병을 고치시고 각종 사역이 다 끝난 저녁에도 쉬지 못하시고 온 병자와 귀신 들린 자에게 일일이 손을 얹어 기도하시며 고치시는 모습을 봅니다. 주님, 조금만 피곤해도 사람들을 힘들어하는 저의 연약함과 소명 없음을 용서하여 주소서.

피곤하지만 날마다 기도의 자리에 기쁨으로 나아가시는 예수님! 늘 입술로는 하나님을 의지한다고 고백하지만 정작 하나님과 설레는 교제보다 나의 육신의 편안함을 더 기뻐합니다. 하늘의 영광을 버리시고 이 땅에 오셔서 피곤한 인생을 사셨던 예수님, 오늘 주님의 모습을 기억하면 저는 한없이 초라하고 부끄러워집니다.
믿음이 없음을 용서해주시고, 하나님의 은혜로 다시 한 번 열정을 회복할 수 있도록 은혜를 부어주소서. 어떤 일보다 하나님과의 교제를 우선순위에 두셨던 예수님의 모습을 기억하며 하나님을 바라보고 기도하게 하여 주시고 환경을 이기는 기쁨을 회복시켜 주소서. 사람들을 무리로 대하지 않고 한 사람 한 사람 내 앞에 있는 그 사람에게 최선을 다해 일일이 기도하며 사랑하게 하여 주소서.

누군가 예수님께 나아가서 회복하기까지는 이름 없는 무명의 사람들의 수고와 헌신이 있었기에 가능한 것입니다. 주님께 나아가지 못하는 고통받는 심령의 울부짖음을 들을 수 있는 눈과 사랑과 인내를 허락하여 주소서.

150

또한 처절하고 연약하게 병든 자 같은 나에게 손 내밀어 주시는 그 은혜에 감사합니다. 받은 은혜대로 저도 주님이 맡겨주신 한 영혼에 목숨을 걸며 살아가겠습니다.

예수님의 이름으로 기도합니다. 아멘.

결단과
적용

태도와 행동의 변화를 계획하고 실천하라

결단과 적용은 중요하다. 그러나 적용의 중요성을 극대화해서 반드시 적용해야 한다는 '적용지상주의'로는 가지 말아야 한다. 적용을 극대화하면 율법주의로 흐를 수 있기 때문이다.

팀 켈러는 복음과 종교의 차이를 설명하면서 '종교란 무엇을 행함으로 구원을 얻어내려는 것이고, 복음은 이미 얻은 구원의 감격으로 순종하는 삶'이라 하였다.[63]

적용이 중요하지만, 적용보다 더 중요한 것은 '내용관찰-연구와 묵상-느낌'이라는 순서를 따라오면서 경험하는 하나님의 은혜다. 은혜가 없는 적용은 인간의 의지에 초점을 맞출 수밖에 없다. 그러나 삶의 변화는 의지의 노력이 아니라 하나님을 사랑함으로 생기는 사랑의 순서가 바뀌는 것이다.

---

63   팀 켈러, 오종향 역, 《센터처치》, (두란노, 2017) p132.

모든 적용은 은혜에 대한 감사와 순종으로서의 적용이 되어야 한다. 변화를 위한 의지의 노력이 되어서는 안 된다. 우리는 순종으로도 다른 축복을 얻어내는 공로적 신앙의 사람들이 아니라 하나님의 사랑에 감격하여 우리의 삶을 헌신하는 사랑의 사람들임을 잊지 말아야 한다.

그러나 적용을 할 때는 막연히 생각나는 것을 단순하게 적용하는 것보다 성경을 통해 묵상한 보편타당한 진리에 나의 삶을 대입해 보는 것이 좋다. 보편타당한 진리를 적용하면 성경 본문의 테두리 안에서 적용이 가능하고 오늘 하루뿐 아니라 평생 살아갈 원리가 생길 수 있기 때문이다.

다음의 예를 참고하여 보편타당한 신앙의 원리로 결단과 적용을 해보라.

원리1: 하나님과의 관계가 사역보다 더 중요한 우선순위다.
피곤한 가운데서도 이른 새벽 기도하시는 예수님의 모습을 통해 우리는 사역의 우선순위가 바로 하나님과의 관계임을 깨닫는다. 나는 매일 아침 5시에 일어나 30분씩 큐티 시간을 갖고자 한다. 그뿐만 아니라 아침 5시에 일어나기 위해 전날 12시 전에는 잠자리에 들겠다.

원리2: 기도하지 못하는 것은 환경의 문제가 아니다.
할 일이 많으면 기도가 점점 뒷전으로 밀리고, 결국 마지막 남는 시간에 쫓기듯 기도를 해치울 때가 있다. '일이 많아서, 시간이 없어서'라는 것은 핑계라는 것을 알게 되었다. 기도의 시간을 확보하기 위해 하루를 철저히 계획해야 함도 알게 되었다. 환경의 문제로 느긋하게 생각했던 게으름을 버리고 매일 스케줄을 계획하고 기도 시간을 가장 먼저 확보하겠다.

원리3: 예수님의 사역은 한 사람 한 사람의 인격을 바로 세우는 사역이다.
많은 무리와 군중이 따랐지만, 예수님께서는 사람들을 단순한 무리와 군

중으로 대하지 않으셨다. 많은 무리가 있었지만 그런데도 언제나 한 사람 한 사람 일일이 손을 얹고 기도해주셨다. 한 영혼이 천하보다 귀하다는 말씀을 명심하며 한 영혼에 집중하는 삶을 살아가고 싶다. 몇 주 전부터 힘들어하는 ○○○ 형제(자매)에게 따로 전화를 걸어 만남을 위해 약속을 잡아야겠다.

원리4: 예수님께 나아가기 위해서는 누군가의 도와야 하는 사람들이 있다.
중증환자들은 누군가의 도움으로 예수님께 나아갔을 것이다. 귀신 들린 자도 마찬가지였을 것이다. 중풍 병자의 친구들처럼 너무 힘들거나 지쳐서 자신의 힘으로 나아갈 수 없는 사람들은 영적인 친구들의 도움이 필요하다. 먼저 오랫동안 출석하지 않은 사람들의 명단을 가지고 집중적으로 중보하고 싶다. 또한 상처를 받아 교회를 떠난 ○○○ 자매(형제)에게 지속해서 연락하여 직접적으로 주일날 만날 것을 권유하고 싶다.

소그룹
나눔

소그룹에서 받은 은혜를 나누라

하나님의 말씀을 통해 삶이 변화되는 은혜를 경험했다면 개인적으로 혼자 알고 있어서는 안 된다. 하나님의 은혜는 반드시 사람을 통해 흘러가야 하기 때문이다.

소그룹을 통해 각자 큐티를 하면서 받은 은혜를 나누라. 그러면 하나님의 은혜는 그 공동체 안에 자연스럽게 흘러간다. 또한 은혜를 나누면서 자연스럽게 서로가 더 깊어지는 교제를 나눌 수 있다. 무엇보다 자의적 해석을 교정하는 방법으로도 소그룹은 매우 유익하다.

삶의 변화는 '스스로 깨달았을 때' 가장 큰 효과를 발휘한다. D형 큐티는 개인적으로 하나님의 말씀을 스스로 깨닫게 하는 과정이기에 삶의 큰 변화를 경험할 수 있다. 또 소그룹 변화의 핵심인 상호책임관계(Accountability Group)가 형성된다. 현대는 개인주의가 만연한 시대가 되었다. 웬만해서는 자신의 깊은 속마음을 다른 사람에게 잘 이야기하지 않는다. 그래서 특별히 이러한 소통의 장을 마련해주는 것이 좋다. 옥한흠 목사는 이런 소그룹의 장점에 대해 다음과 같이 말했다.

> (소그룹 나눔은) 소위 카타르시스라는 치료 요소가 있다. 사람들이 대개 생각하는 것은 말하지만 자기가 느끼는 것은 좀처럼 말하려고 하지 않는다. 감정의 교환은 거기에 어울리는 환경을 줘야 가능한 것이다. 소그룹은 그 자리에 있는 사람이면 누구나 자기가 느끼는 바를 어려움 없이 표현할 수 있는 따뜻한 분위기를 만들어준다는 점에서 큰 이점을 가진다.[64]

깨달은 말씀을 나눌 수 있는 공간을 마련해주면 하나님의 말씀을 나누면서 자연스럽게 치유의 역사가 일어나기도 한다. 언제나 사람의 변화는 하나님의 말씀이 인격을 따라 흘러갈 때 이루어진다.

---

64 옥한흠, 《다시쓰는 평신도를 깨운다》(국제제자훈련원, 2009), p247.

✍ D형 큐티 연습

1. 다음의 주어진 본문을 가지고, D형 큐티를 연습하라.

본문

²³사도들이 놓이매 그 동료에게 가서 제사장들과 장로들의 말을 다 알리니 ²⁴그들이 듣고 한마음으로 하나님께 소리를 높여 이르되 대주재여 천지와 바다와 그 가운데 만물을 지은 이시요 ²⁵또 주의 종 우리 조상 다윗의 입을 통하여 성령으로 말씀하시기를 어찌하여 열방이 분노하며 족속들이 허사를 경영하였는고 ²⁶세상의 군왕들이 나서며 관리들이 함께 모여 주와 그의 그리스도를 대적하도다 하신 이로소이다 ²⁷과연 헤롯과 본디오 빌라도는 이방인과 이스라엘 백성과 합세하여 하나님께서 기름 부으신 거룩한 종 예수를 거슬러 ²⁸하나님의 권능과 뜻대로 이루려고 예정하신 그것을 행하려고 이 성에 모였나이다 ²⁹주여 이제도 그들의 위협함을 굽어보시옵고 또 종들로 하여금 담대히 하나님의 말씀을 전하게 하여 주시오며 ³⁰손을 내밀어 병을 낫게 하시옵고 표적과 기사가 거룩한 종 예수의 이름으로 이루어지게 하옵소서 하더라 ³¹빌기를 다하매 모인 곳이 진동하더니 무리가 다 성령이 충만하여 담대히 하나님의 말씀을 전하니라 ³²믿는 무리가 한마음과 한 뜻이 되어 모든 물건을 서로 통용하고 자기 재물을 조금이라도 자기 것이라 하는 이가 하나도 없더라 ³³사도들이 큰 권능으로 주 예수의 부활을 증언하니 무리가 큰 은혜를 받아 ³⁴그 중에 가난한 사람이 없으니 이는 밭과 집 있는 자는 팔아 그 판 것의 값을 가져다가 ³⁵사도들의 발 앞에 두매 그들이 각 사람의 필요를 따라 나누어 줌이라 ³⁶구브로에서 난 레위족 사람이 있으니 이름은 요셉이라 사도들이 일컬어 바나바라 (번역하면 위로의 아들이라) 하니 ³⁷그가 밭이 있으매 팔아 그 값을 가지고 사도들의 발 앞에 두니라(사도행전 4:23~37).

내용관찰: 본문에서 무엇을 보는가?

1. 전체적으로 관찰하라: 문맥에 따라, 다양한 번역본으로 관찰하라

2. 구체적으로 관찰하라: 관찰의 도구를 활용하라

    1) 육하원칙을 적용하라

    2) 주어를 파악하고, 동사에 집중하라

    3) 접속사에 유의하라

    4) 인과관계를 살피라

    5) 모르는 단어와 문장, 내용에 표시하라

3. 질문하라: 관찰을 통해 발견한 내용을 가지고 질문하라

내용
관찰

연구와 묵상	<u>연구와 묵상: 본문은 무엇을 의미하는가?</u> 1. 연구를 통해 질문에 답을 찾아라 2. 묵상을 통해 질문에 답을 찾아라 3. 보편타당한 신앙의 원리로 만들라
느낌	<u>느낌: 깨달은 진리를 가지고 하나님께 충분히 기도하라</u>

결단과 적용: 태도와 행동의 변화를 계획하고 실천하라

결단과
적용

소그룹
나눔

본문	¹그러므로 우리가 믿음으로 의롭다 하심을 받았으니 우리 주 예수 그리스도로 말미암아 하나님과 화평을 누리자 ²또한 그로 말미암아 우리가 믿음으로 서 있는 이 은혜에 들어감을 얻었으며 하나님의 영광을 바라고 즐거워하느니라 ³다만 이뿐 아니라 우리가 환난 중에도 즐거워하나니 이는 환난은 인내를, ⁴인내는 연단을, 연단은 소망을 이루는 줄 앎이로다 ⁵소망이 우리를 부끄럽게 하지 아니함은 우리에게 주신 성령으로 말미암아 하나님의 사랑이 우리 마음에 부은 바 됨이니(로마서 5:1~5).

내용
관찰
	내용관찰: 본문에서 무엇을 보는가?
	
	1. 전체적으로 관찰하라: 문맥에 따라, 다양한 번역본으로 관찰하라
	
	2. 구체적으로 관찰하라: 관찰의 도구를 활용하라
	
	   1) 육하원칙을 적용하라
	
	   2) 주어를 파악하고, 동사에 집중하라
	
	   3) 접속사에 유의하라
	
	   4) 인과관계를 살피라
	
	   5) 모르는 단어와 문장, 내용에 표시하라
	
	3. 질문하라: 관찰을 통해 발견한 내용을 가지고 질문하라

연구와 묵상: 본문은 무엇을 의미하는가?

1. 연구를 통해 질문에 답을 찾아라

2. 묵상을 통해 질문에 답을 찾아라

3. 보편타당한 신앙의 원리로 만들라

연구와
묵상

느낌: 깨달은 진리를 가지고 하나님께 충분히 기도하라

느낌

결단과 적용: 태도와 행동의 변화를 계획하고 실천하라

결단과
적용

소그룹
나눔

¹³예수께서 들으시고 배를 타고 떠나사 따로 빈 들에 가시니 무리가 듣고 여러 고을로부터 걸어서 따라간지라 ¹⁴예수께서 나오사 큰 무리를 보시고 불쌍히 여기사 그 중에 있는 병자를 고쳐 주시니라 ¹⁵저녁이 되매 제자들이 나아와 이르되 이 곳은 빈 들이요 때도 이미 저물었으니 무리를 보내어 마을에 들어가 먹을 것을 사 먹게 하소서 ¹⁶예수께서 이르시되 갈 것 없다 너희가 먹을 것을 주라 ¹⁷제자들이 이르되 여기 우리에게 있는 것은 떡 다섯 개와 물고기 두 마리뿐이니이다 ¹⁸이르시되 그것을 내게 가져오라 하시고 ¹⁹무리를 명하여 잔디 위에 앉히시고 떡 다섯 개와 물고기 두 마리를 가지사 하늘을 우러러 축사하시고 떡을 떼어 제자들에게 주시매 제자들이 무리에게 주니 ²⁰다 배불리 먹고 남은 조각을 열두 바구니에 차게 거두었으며 ²¹먹은 사람은 여자와 어린이 외에 오천 명이나 되었더라(마태복음 14:13~21).

내용관찰: 본문에서 무엇을 보는가?

1. 전체적으로 관찰하라: 문맥에 따라, 다양한 번역본으로 관찰하라

2. 구체적으로 관찰하라: 관찰의 도구를 활용하라

    1) 육하원칙을 적용하라

    2) 주어를 파악하고, 동사에 집중하라

    3) 접속사에 유의하라

    4) 인과관계를 살피라

    5) 모르는 단어와 문장, 내용에 표시하라

3. 질문하라: 관찰을 통해 발견한 내용을 가지고 질문하라

연구와 묵상	<u>연구와 묵상</u>: 본문은 무엇을 의미하는가? 1. 연구를 통해 질문에 답을 찾아라 2. 묵상을 통해 질문에 답을 찾아라 3. 보편타당한 신앙의 원리로 만들라
느낌	느낌: 깨달은 진리를 가지고 하나님께 충분히 기도하라

결단과 적용: 태도와 행동의 변화를 계획하고 실천하라

결단과
적용

소그룹
나눔

본문	⁶내가 유다 족속을 견고하게 하며 요셉 족속을 구원할지라 내가 그들을 긍휼히 여김으로 그들이 돌아오게 하리니 그들은 내가 내버린 일이 없었음 같이 되리라 나는 그들의 하나님 여호와라 내가 그들에게 들으리라 ⁷에브라임이 용사 같아서 포도주를 마심 같이 마음이 즐거울 것이요 그들의 자손은 보고 기뻐하며 여호와로 말미암아 마음에 즐거워하리라 ⁸내가 그들을 향하여 휘파람을 불어 그들을 모을 것은 내가 그들을 구속하였음이라 그들이 전에 번성하던 것 같이 번성하리라 ⁹내가 그들을 여러 백성들 가운데 흩으려니와 그들이 먼 곳에서 나를 기억하고 그들이 살아서 그들의 자녀들과 함께 돌아올지라 ¹⁰내가 그들을 애굽 땅에서 돌아오게 하며 그들을 앗수르에서부터 모으며 길르앗 땅과 레바논으로 그들을 이끌어 가리니 그들이 거할 곳이 부족하리라 ¹¹내가 그들이 고난의 바다를 지나갈 때에 바다 물결을 치리니 나일의 깊은 곳이 다 마르겠고 앗수르의 교만이 낮아지겠고 애굽의 규가 없어지리라 ¹²내가 그들로 나 여호와를 의지하여 견고하게 하리니 그들이 내 이름으로 행하리라 나 여호와의 말이니라(스가랴 10:6~12).
내용 관찰	내용관찰: 본문에서 무엇을 보는가? 1. 전체적으로 관찰하라: 문맥에 따라, 다양한 번역본으로 관찰하라 2. 구체적으로 관찰하라: 관찰의 도구를 활용하라 　　1) 육하원칙을 적용하라 　　2) 주어를 파악하고, 동사에 집중하라 　　3) 접속사에 유의하라 　　4) 인과관계를 살피라 　　5) 모르는 단어와 문장, 내용에 표시하라 3. 질문하라: 관찰을 통해 발견한 내용을 가지고 질문하라

연구와 묵상	연구와 묵상: 본문은 무엇을 의미하는가? 1. 연구를 통해 질문에 답을 찾아라 2. 묵상을 통해 질문에 답을 찾아라 3. 보편타당한 신앙의 원리로 만들라
느낌	느낌: 깨달은 진리를 가지고 하나님께 충분히 기도하라

결단과 적용

결단과 적용: 태도와 행동의 변화를 계획하고 실천하라

소그룹 나눔

16누가 나를 위하여 일어나서 행악자들을 치며 누가 나를 위하여 일어나서 악행하는 자들을 칠까 17여호와께서 내게 도움이 되지 아니하셨더면 내 영혼이 벌써 침묵 속에 잠겼으리로다 18여호와여 나의 발이 미끄러진다고 말할 때에 주의 인자하심이 나를 붙드셨사오며 19내 속에 근심이 많을 때에 주의 위안이 내 영혼을 즐겁게 하시나이다 20율례를 빙자하고 재난을 꾸미는 악한 재판장이 어찌 주와 어울리리이까 21그들이 모여 의인의 영혼을 치려 하며 무죄한 자를 정죄하여 피를 흘리려 하나 22여호와는 나의 요새이시요 나의 하나님은 내가 피할 반석이시라 23그들의 죄악을 그들에게로 되돌리시며 그들의 악으로 말미암아 그들을 끊으시리니 여호와 우리 하나님이 그들을 끊으시리로다(시편 94:16~23).

내용관찰: 본문에서 무엇을 보는가?

1. 전체적으로 관찰하라: 문맥에 따라, 다양한 번역본으로 관찰하라

2. 구체적으로 관찰하라: 관찰의 도구를 활용하라

   1) 육하원칙을 적용하라

   2) 주어를 파악하고, 동사에 집중하라

   3) 접속사에 유의하라

   4) 인과관계를 살피라

   5) 모르는 단어와 문장, 내용에 표시하라

3. 질문하라: 관찰을 통해 발견한 내용을 가지고 질문하라

연구와 묵상	**연구와 묵상: 본문은 무엇을 의미하는가?** 1. 연구를 통해 질문에 답을 찾아라 2. 묵상을 통해 질문에 답을 찾아라 3. 보편타당한 신앙의 원리로 만들라
느낌	**느낌: 깨달은 진리를 가지고 하나님께 충분히 기도하라**

결단과 적용: 태도와 행동의 변화를 계획하고 실천하라

결단과
적용

소그룹
나눔

D형 큐티의 방법

1. 내용관찰: 본문에서 무엇을 보는가?

   1) 전체적으로 관찰하라: 문맥을 따라, 다양한 번역본으로 관찰하라

   2) 구체적으로 관찰하라: 관찰의 도구를 활용하라

      ① 육하원칙을 적용하라

      ② 주어를 파악하고, 동사에 집중하라

      ③ 접속사에 유의하라

      ④ 인과관계를 살피라

      ⑤ 모르는 단어와 문장, 내용에 표시하라

   3) 질문하라: 관찰을 통해 발견한 내용을 가지고 질문하라

2. 연구와 묵상: 본문은 무엇을 의미하는가?

   1) 연구를 통해 질문에 답을 찾아라

   2) 묵상을 통해 질문에 답을 찾아라

   3) 보편타당한 신앙의 원리로 만들라

3. 느낌

   1) 깨달은 진리를 가지고 하나님께 충분히 기도하라

   2) 보편타당한 진리를 자신의 삶에 비추어 느끼는 감정을 살피라

4. 결단과 적용

   1) 태도와 행동의 변화를 결단하라

   2) 구체적인 행동 지침을 가지고 실천하라

5. 소그룹 나눔

4부

훈련생의 노트에서

D형 큐티를 배운 후 제출한 훈련생의 D형 큐티와 교역자의 코멘트

여기에 소개된 D형 큐티는 훈련생들의 D형 큐티를 예시로 모아 놓은 것이다. 더불어 마지막에 달린 '교역자의 코멘트'를 통해, 제시된 큐티의 장단점을 스스로 비교하여 분석할 수 있게 하였다. 다시 강조하여 말하지만, 큐티를 하는 데 있어서 잘하고 못하고는 없다. 다만 제시된 '훈련생의 노트'를 통해 용기를 얻어 꾸준히 해 나가길 소망한다.

제목 사랑은 물질과 시간을 나누는 것이다
본문 사도행전 4:23~37

23 사도들이 놓이매 그 동료에게 가서 제사장들과 장로들의 말을 다 알리니

24 그들이 듣고 한마음으로 하나님께 소리를 높여 이르되 대주재여 천지와 바다와 그 가운데 만물을 지은 이시요

25 또 주의 종 우리 조상 다윗의 입을 통하여 성령으로 말씀하시기를 어찌하여 열방이 분노하며 족속들이 허사를 경영하였는고

26 세상의 군왕들이 나서며 관리들이 함께 모여 주와 그의 그리스도를 대적하도다 하신 이로소이다

27 과연 헤롯과 본디오 빌라도는 이방인과 이스라엘 백성과 합세하여 하나님께서 기름 부으신 거룩한 종 예수를 거슬러

28 하나님의 권능과 뜻대로 이루려고 예정하신 그것을 행하려고 이 성에 모였나이다

29 주여 이제도 그들의 위협함을 굽어보시옵고 또 종들로 하여금 담대히 하나님의 말씀을 전하게 하여 주시오며

30 손을 내밀어 병을 낫게 하시옵고 표적과 기사가 거룩한 종 예수의 이름으로 이루어지게 하옵소서 하더라

31 빌기를 다하매 모인 곳이 진동하더니 무리가 다 성령이 충만하여 담대히 하나님의 말씀을 전하니라

32 믿는 무리가 한마음과 한 뜻이 되어 모든 물건을 서로 통용하고 자기 재물을 조금이라도 자기 것이라 하는 이가 하나도 없더라

33 사도들이 큰 권능으로 주 예수의 부활을 증언하니 무리가 큰 은혜를 받아

34 그 중에 가난한 사람이 없으니 이는 밭과 집 있는 자는 팔아 그 판 것의 값을 가져다가

35 사도들의 발 앞에 두매 그들이 각 사람의 필요를 따라 나누어 줌이라

36 구브로에서 난 레위족 사람이 있으니 이름은 요셉이라 사도들이 일컬어 바나바라 (번역하면 위로의 아들이라) 하니

37 그가 밭이 있으매 팔아 그 값을 가지고 사도들의 발 앞에 두니라

☑ **내용관찰**

1. 전체적으로 관찰하기

사도들이 놓인 후 이 과정을 들은 성도들은 하나님께서 행하신 놀라운 일들을 찬양하며 성령 충만을 받아 한마음과 한뜻이 되어 복음을 전하고 서로의 재산을 통용하였다.

2. 구체적으로 관찰하기

1) 육하원칙

- **언제** 사도들이 놓인 후 성도들이 모여 함께 찬양하고 성령 충만을 받아 복음을 전하며 서로의 재산을 통용할 때
- **어디서** 구체적인 지명은 없지만, 초대 교인들이 함께 예배를 드렸던 장소에서 일어난 일이 아닐까 추측함
- **누가** 베드로, 요한, 초대 교인들, 바나바
- **무엇을** 하나님을 함께 찬양하며 복음을 전하고 재산을 통용함
- **어떻게** 한마음과 한뜻이 되어, 자신의 밭과 집을 팔아 그 판 것의 값을 가져다가 사도들의 발 앞에 둠
- **왜** 하나님의 은혜로 말미암아, 성령 충만을 받고

2) 관찰의 도구들을 사용하기

• 그 동료에게 가서(23절) 사도들의 동료라고 하여서 다른 사도들을 지칭하는 뜻인 줄 알았는데 NIV 성경을 보니 'their own people', 즉 그들이 섬기는 성도라는 사실을 짐작할 수 있었다. 그런데 왜 한국어로 동료들이라고 복수형을 쓰지 않았는지는 의문이 든다.

• 또한 주의 종 우리 조상 다윗의 입을 통하여 성령으로 말씀하시기를 ~ 거룩한 종 예수를 거슬러(25~27절) 관주에 나오는 시편 2장 2절은 "세상의 군왕들이 나서며 관원들이 서로 꾀하여 여호와와 그의 기름 부음 받은 자를 대적하며"라고 하였다. 이 시편을 적용하여 세상의 군왕은 헤롯으로, 관리들은 빌라도로 적용해 이야기한다.

• 모인 곳이 진동하더니(31절) 초대 교인들이 처음으로 성령 충만을 받았을 때처럼 나타났던 현상 즉 '하늘로부터 급하고 강한 바람 같은 소리가 온 집에 가득하며 불의 혀처럼 갈라지는 것들이 임하는 일'을 묘사한 것이 아닐까 추측하여 본다.

• 바나바(36절 바나바는 새로 회심한 바울이 다른 모든 사람에게 의심을 받을 때 바울을 사도들에게 소개한 사람이고 안디옥에 바울을 데려가 이방인 전도에 참여하게 하는 등 위로의 아들이라는 별명에 걸맞게 사람들에게 따뜻하고 복음에 열정이 있는 사람이었던 것 같다.

3. 질문하기

Q1 핍박을 받고 돌아온 사도들이 핍박을 받지 않게 해달라는 기도 대신 오히려 더욱 복음을 담대하게 전할 수 있도록, 그리고 더욱 큰 표적과 기사가 나타날 수 있게 해달라는 기도를 드릴 수 있었던 것은 어떤 이유였을까?

Q2 초대 교회에서 나타났던 성령과 현대 시대의 성령과의 차이가 있는가? 마치 초대 교회의 성령은 왔다 갔다 이동하셨던 특성을 보여주는 것 같기 때문이다.

Q3 초대 교회 성도들은 성령 충만을 받은 뒤 복음을 전하고 서로의 재산을 통용한다. 이 모습은 오순절에 성령 충만을 받은 후의 행동과 비슷하다. 성령 충만을 받은 후 그들은 어떠한 이유로 재산을 통용하였을까?

☑ 연구와 묵상

1. 질문과 답의 형식으로

Q1 핍박을 받고 돌아온 사도들이 핍박을 받지 않게 해달라는 기도 대신 오히려 더욱 복음을 담대하게 전할 수 있도록, 그리고 더욱 큰 표적과 기사가 나타날 수 있게 해달라는 기도를 드릴 수 있었던 것은 어떤 이유였을까?

A 이러한 기도는 예수님께서 드렸던 기도와 비슷한 내용인 것 같다. 즉 환경의 압력과 영향에도 불구하고 환경을 변화시켜 달라는 기도가 아닌 하나님의 사명을 이루기 위함이 기도의 목표이다. 그만큼 사도들의 머리와 마음속에는 하나님의 나라를 이루기 위한 열정으로 가득 찼다는 것을 알 수 있다.

Q2 초대 교회에서 나타났던 성령과 현대 시대의 성령과의 차이가 있는가? 마치 초대 교회의 성령은 왔다 갔다 이동하셨던 특성을 보여주는 것 같기 때문이다.

A 예수님께서 하늘로 올라가시고 각 사람에게 주신 성령님의 역사는 초대 교회라는 특수한 맥락에서 더욱 부각되었던 것 같다. 성령님이 바람같이 임한 것이나 성도들이 방언하는 등 복음의 전파를 위해 초대 교회에 더욱 눈에 보이는 현상으로 임하셨다. 이러한 성령의 사역은 현대 사회에서 나타나는 성령의 임재, 역사와 차이가 있는 듯 보이지만 결국 같은 성령께서 역사하시는 것이기 때문에 그때처럼 눈에 띄고 역동적인 방식이 아닐지라도 우리 마음속에서 임하시고 역

사하시는 내용은 같을 것이다. 존 스토트의 사도행전 주석을 보면, 이 역사는 "하늘에서 불을 내려 달라는" 복수와 파괴의 기적이 아니라 자비의 기적이라 말한다. 더구나 말씀과 표징은 공존하는 것으로 표징과 기사가 담대하게 전파된 말씀을 확증하는 것이다.

Q3 초대 교회 성도들은 성령 충만을 받은 뒤 복음을 전하고 서로의 재산을 통용한다. 이 모습은 오순절에 성령 충만을 받은 후의 행동과 비슷하다. 성령 충만을 받은 후 그들은 어떠한 이유로 재산을 통용하였을까?

A 성령 충만을 받는 것의 의미는 하나님께서 나에게 주신 은혜를 바로 알고 느끼는 것이라고 설명할 수 있을 것 같다. 자신이 받은 은혜가 너무나도 많기에 그 모든 것을 선물로 주신 하나님의 은혜와 사랑을 서로에게 나누려는 마음이 많이 들었을 것이다. 특히 자신이 가진 재산은 은혜의 반응으로 행할 수 있는 비교적 쉽고 간편한 일이기에 그러한 행동을 하지 않았을까 하는 생각이 든다.

2. 보편타당한 원리

1) 환경의 어려움 속에서도 복음 증거를 위해서 기도해야 한다.
2) 기도는 환경의 변화가 아니라 나의 내면에 먼저 변화를 일으킨다.
3) 사도들도 어려움에서 면제되지 않았다.
4) 성령 충만의 결과는 기적의 체험이 아니라, 삶의 열매이다.
5) 은혜는 반드시 무엇을 나누게 한다.

1. 기도 후 느낌 기록하기

핍박을 받고 돌아온 사도들이 복음 전파와 성령 충만을 위해 기도하는 모습을 보며 나의 모습을 함께 생각해보게 되었다. 나는 환경이 어렵고 괴로울 때 이 환경을 잘 지나갈 수 있도록 하나님의 도우심을 구하는 기도를 주로 많이 했던 것 같다. 그러고 보면 환경이 정말 힘들 때 내가 인생을 사는 목표와 사명이 더욱 명확하여지고 그것들을 점검해보는 계기가 될 것이라는 생각이 들었다. 나의 인생에 사명은 무엇인지, 어려운 환경 속에서도 내가 놓지 말고 기도드려야 할 것들은 무엇인지 살펴보는 것이 중요할 것이다.

이 전에도 묵상했지만 성령 충만을 받은 자의 모습에 대하여 다시 생각해보게 되었다. 물론 현실적인 제약 때문에 초대 교회처럼 사유 재산을 통용하거나 균등하게 나눌 수는 없지만, 나의 주변에 있는 지체를 내 몸과 같이 사랑하는 마음으로 그들을 위하여 기꺼이 내가 가진 것을 나누는 일에 더욱 힘써야 하는 것은 중요한 일일 것이다. 재산뿐만 아니라 나의 시간과 마음을 나누고 기도로 함께하는 것도 동시에 해야 할 테지만 말이다.

2. 구체적인 적용

1) 교회에 선교헌금과 구제헌금을 매달 5만 원씩 하겠다.
2) 후원하고 있는 기아 대책의 친구를 위해 돈뿐 아니라 매일 중보기도를 하겠다.
3) 직장 생활에서의 어려움에만 집중하고 불평하는 것 같다. 어려움 속에서 믿음으로 살아갈 수 있는 은혜를 위해서 기도하겠다.

　기독교 신앙의 힘은 좋은 환경을 위해 간구하는 것이 아니라 어떤 환경에서도 견고하고 흔들리지 않는 데 있는 것 같습니다. 사도들의 기도는 환경적으로는 연약한 존재들이지만 위풍당당한 힘이 느껴지는 것 같습니다. 우리도 그렇게 환경에 굴복하지 말고 기도함으로 하나님께 나아가면 좋겠습니다.

　또 형제님이 나눠주신 대로 성령 충만이란 영적인 체험을 황홀하게 하는 것이 아니라 성령의 열매가 맺혀지는 삶인 것 같습니다. 힘든 상황이지만 믿음을 통해 견고히 서 있는 사도들의 모습은 저도 많이 도전됩니다.

　'가난한 자가 없었다'라는 말씀은 공동체가 무엇인지를 생각하게 해주는 것 같습니다. 나 혼자 더 많이 부자가 되기 위해 살아가는 것이 아니라 우리가 모두 다 하나님을 잘 믿는 공동체가 되기 위해서 가난한 자가 없는 그런 관점은 오늘날 우리가 꼭 배워야 하는 관점인 것 같습니다.

　D형 큐티를 배운 대로 전체적으로, 또 구체적으로 관찰을 잘하셨습니다. 시편 2편을 관주 성경을 따라 찾아본 것과 존 스토트의 사도행전 강해를 통해 연구한 부분도 성령님에 대한 바른 이해를 도와주는 것 같습니다. 신앙의 원리 중에서 '사도들도 어려움에서 면제되지 않았다'라는 부분은 저도 도전을 많이 받았습니다. 그렇죠. 우리 인생은 고난에서 면제가 되지 않지만, 그 고난 속에서 하나님이 함께하심으로 고난을 이기는 사람으로 성장하는 것 같습니다. 은혜는 반드시 무엇인가를 나누게 한다는 원리도 우리가 새겨야 할 진리인 것 같습니다.

　구체적인 적용도 귀합니다. 사람이 사랑의 대상이 있다는 것은 그 대상을 위해 시간과 돈과 에너지를 사용하는 것이라고 합니다. 나누지 않는 사랑이 세상에 존재할까요? 귀한 결단에 박수를 보내고, 저도 이를 위해서 기도하겠습니다. 한 주 동안 너무 수고하셨습니다.

제목 고난 중에도 즐거워하라
본문 로마서 5:1~5

1   그러므로 우리가 믿음으로 의롭다 하심을 받았으니 우리 주 예수 그리스도로
    말미암아 하나님과 화평을 누리자

2   또한 그로 말미암아 우리가 믿음으로 서 있는 이 은혜에 들어감을 얻었으며 하
    나님의 영광을 바라고 즐거워하느니라

3   다만 이뿐 아니라 우리가 환난 중에도 즐거워하나니 이는 환난은 인내를,

4   인내는 연단을, 연단은 소망을 이루는 줄 앎이로다

5   소망이 우리를 부끄럽게 하지 아니함은 우리에게 주신 성령으로 말미암아 하나
    님의 사랑이 우리 마음에 부은 바 됨이니

☑ 내용관찰

1. 전체적으로 관찰하기

　구원의 결과는 화평과 은혜와 소망이다. 그리고 그 소망은 환난 중에서도 즐거워하
게 한다.

2. 구체적으로 관찰하기

1) 관찰의 도구들을 사용하기

　¹그러므로 우리가 믿음으로 의롭다 하심을 받았으니 우리 주 예수 그리스도로 말
미암아 하나님과 화평을 누리자 ²또한 그로 말미암아 우리가 믿음으로 서 있는
이 은혜에 들어감을 얻었으며 하나님의 영광을 바라고 즐거워하느니라(로마서
5:1~2).

우리가 받은 구원의 결과는 세 가지이다. 첫째는 하나님과의 화평, 둘째는 믿음으로 든든히 서 있는 은혜, 셋째는 영광을 바라고 즐거워하는 소망이다.

① 하나님과의 화평을 누린다(1절)　　하나님이 주시는 화평은 단순한 감정적 평안함이 아니다. 이 화평은 '예수 그리스도로 말미암아' 우리에게 오는 것이다.

> 그러므로 우리가 믿음으로 의롭다 하심을 받았으니 우리 주 예수 그리스도로 말미암아 하나님과 화평을 누리자(로마서 5:1).

> 그러므로 우리는 믿음으로 의롭다 하심을 받았으므로, 우리 주 예수 그리스도로 말미암아 하나님과 더불어 평화를 누리고 있습니다.(표준새번역, 로마서 5:1)

우리는 그리스도로 말미암아 하나님과 화평을 누리는 존재가 되었다. "화평을 누리자"라는 부분이 표준새번역에서는 "평화를 누리고 있습니다"로 번역되어 있다. 지금, 이 순간에도 예수님으로 말미암아 하나님과 평안을 누리고 있다는 것을 확신시켜 준다. 허물과 죄로 죽어서 하나님께 도저히 갈 수 없었던 인생이 그리스도를 통해 하나님과 화평하게 되는 관계의 회복이 이루어진 것이다.

② 은혜 안에 서 있다(2절)

> 또한 그로 말미암아 우리가 믿음으로 서 있는 이 은혜에 들어감을 얻었으며 하나님의 영광을 바라고 즐거워하느니라(로마서 5:2).

> 예수 그리스도에 의해서, 또 믿음으로 우리는 지금 우리가 서 있는 이 은혜의 자리에 들어와 있습니다. 그리고 하나님의 영광을 소망하며 즐거워합니다.(쉬운성경, 로마서 5:2)

우리는 은혜에 들어감을 입었다. 그리고 그 은혜 가운데 지금도 서 있다. 결국 우리는 왕의 궁전에서 왕을 만날 수 있는 관계가 되었고(화평), 또한 왕궁에서 사는 특권을 가지게 되었다. 하나님과 우리의 관계가 산발적이고 불안정한 관계가 아니라 믿음으로 서 있는 은혜 안에서 누리는 안정된 관계임을 보여주고 있다. 우리의 행위로 왕의 마음에 들었다 들지 않았다가 결정되는, 그래서 두려움에 떠는 신하가 아니다. 은혜는 영원하다. 지금 믿음으로 하나님과 그 관계성 안에서 누리고 있음을 기억해야 한다.

우리의 소망은 현실의 환경에서 오는 것이 아니다. 미래에 있을 하나님의 영광에서 오는 것이다. 이미 그 영광은 계속 계시되어 있다. 완전한 영광으로 오실 그날의 소망이 오늘 우리에게 살아갈 힘을 주는 것이다. 이것은 긍정적 사고방식과 다르다. 확실한 삶의 결과를 기대하며 위로를 경험하며 살아가는 것이다. 우리는 그날에 그리스도처럼 될 것이다. 그 미래에 대한 확신이 현재의 의무를 수행하게 하는 가장 강력한 힘이 된다. 영적 박카스 같은 힘은 장래의 은혜에서 오는 것이다.

③ 환난 중에도 즐거워한다(3~5절)

³다만 이뿐 아니라 우리가 환난 중에도 즐거워하나니 이는 환난은 인내를, ⁴인내는 연단을, 연단은 소망을 이루는 줄 앎이로다(로마서 5:3~4).

And not only so, but we also <u>boast</u> in the tribulations, knowing that the tribulation doth work endurance;(YLT, Romans 5:3)

환난 중에도 즐거워한다고 말한다. 그 즐거움은 단순한 즐거움이 아니라 'boast', 즉 자랑하는 것 같은 즐거움이다. 환난 중에 어떻게 자랑하듯이 즐거워할 수 있을까?

and endurance produces <u>character</u>, and character produces hope,(ESV, Romans 5:4)

인내가 연단을 만든다는 'character'는 성품을 만든다는 말이다. 인내는 인격을 형성시킨다.

> 소망이 우리를 부끄럽게 하지 아니함은 우리에게 주신 성령으로 말미암아 하나님의 사랑이 우리 마음에 부은 바 됨이니(로마서 5:5).

> 이 희망은 우리를 <u>실망시키지 않습니다.</u> 하나님께서 우리에게 주신 성령을 통하여 그의 사랑을 우리 마음 속에 부어 주셨기 때문입니다.(표준새번역, 로마서 5:5)

④ 정리

1단계: 환난은 인내를 낳는다.
2단계: 인내는 연단 혹은 인격을 낳는다.
3단계: 연단 혹은 인격은 소망을 낳는다.

환난의 인내를 통해 얻은 인격은 장래의 영광에 대한 소망을 가져온다. 나의 인격이 환난을 통해 조금씩 변화되는 것은 하나님이 우리 안에 역사하고 계신다는 증거가 된다. 이렇게 역사하신다는 사실이 믿어지면 결국 우리가 온전히 성숙하고 성장할 때까지 내 안에서 착한 일을 시작하신 분의 역사가 쉬지 않고 진행될 것이라는 확신을 가지게 해주는 것이다.

3. 질문하기

Q1 성경은 고난도 기뻐하고 영광도 기뻐하라고 말씀한다. 어떻게 고난을 기뻐할 수 있는가?
Q2 환난 속에서 즐거워하라는 말의 의미는 무엇인가? 환난 자체를 어떻게 즐거워할 수 있는가?

Q3 소망이 우리를 부끄럽게 하지 않는다는 말의 의미는 무엇인가?

☑ **연구와 묵상**

1. 질문과 답의 형식으로

Q1 성경은 고난도 기뻐하고 영광도 기뻐하라고 말씀한다. 어떻게 고난을 기뻐할 수 있는가?

A 고난 자체를 기뻐하라는 말이 아니다. 고난을 통해서 이룰 무언가를 기뻐하라는 것이다.

"그리스도인들은 이러한 '환난'에 대하여 어떤 태도를 취해야 하는가? 우리는 그러한 환난들을 강한 인내로 견뎌내는 것이 아니라, 그 안에서 기뻐해야 한다. 이것은 자기 학대증, 곧 고통에서 쾌락을 찾는 병적인 상태가 아니다. 오히려 고난의 배후에는 하나님이 의도하시는 근본적인 이유가 있다는 사실을 인식하는 것이다."(존 스토트, 로마서 강해).

Q2 환난 속에서 즐거워하라는 말의 의미는 무엇인가? 환난 자체를 어떻게 즐거워할 수 있는가?

A 환난 자체가 아니라 환난이 만들어낼 인내를 바라보는 것이다. 환난이 인내를 만들어낸다면 고난은 어쩌면 우리 인생에서 필수품이 될 수도 있을 것이다.

"고난이 없다면 견디는 것을 배울 수 없을 것이다."(존 스토트)

또 인내는 연단을 낳는다 '연단'이라는 단어는 'character', 즉 성숙한 성품을 만드는 것이다. 성숙한 성품의 사람이 되려면 환난 속에서 인내를 통과해야 한다.

Q3 소망이 우리를 부끄럽게 하지 않는다는 말의 의미는 무엇인가?

이 희망은 우리를 실망시키지 않습니다. 하나님께서 우리에게 주신 성령을 통하여 그의 사랑을 우리 마음 속에 부어 주셨기 때문입니다.(표준새번역, 로마서 5:5)

A 소망이 우리를 부끄럽게 하지 않는다는 말은 '실망하게 하지 않는다'라는 말이다. 환난이 인내를 가져오고 인내가 거룩한 성품을 만들어간다는 소망은 우리를 실망하게 하지 않는다. 만약 그런 소망을 가지고 오늘의 어려움을 이겼는데 그런 일이 나중에 일어나지 않으면 어떠하겠는가? 그 소망을 무엇으로 보증하며 살 수 있는가?

"우리 그리스도인들의 소망, 우리가 가지고 있는 영광의 소망의 궁극적인 근거는 무엇인가? 그것은 하나님의 확고부동한 사랑이다. 우리의 소망이 결코 우리를 실망하게 하지 않을 것은 하나님이 결코 우리를 실망하게 하지 않으실 것이기 때문이다. 그분의 사랑은 결코 우리를 포기하지 않으실 것이다."(존 스토트, 로마서 강해)

2. 보편타당한 원리
1) 인내는 반드시 환난을 통과하면서 주어지는 것이다.
2) 거룩한 성품은 어려움을 인내하면서 생기는 것이다.
3) 모든 고난을 이기는 힘은 하나님이 나를 사랑하신다는 소망이다.

　　오늘 큐티 말씀은 참 위로가 된다. 삶의 어려움이 닥쳤을 때 하나님이 함께하지 않으신다고 생각할 때가 많았다. 그러나 모든 내 삶의 어려움은 나를 더 예수님을 닮는 사람이 되게 하는 과정이라 생각하면 환난에 대해 다른 시야를 가지게 될 것 같다.

　　"고난이 없으면 견디는 것을 배울 수 없을 것이다"라는 말도 마음에 많이 남는다. 또 모든 환난은 나를 예수님을 닮아가게 한다는 소망으로 이끌어 간다는 것이 감사하다. 그 소망이 흔들리지 않는 이유는 오늘 지금 바로 당장 하나님의 사랑이 우리에게 부어지고 있기 때문이다.

　　부모에게 사랑받는 아이가 정서적으로 건강하듯이 하나님의 사랑이 오늘 내게 충만하다는 사실이 나를 환난에서도 건강하게 반응하는 사람으로 만들어갈 것이다. 그분의 사랑이 결코 우리를 포기하지 않으실 것이라는 말은 생각할수록 감격스러운 말이다.

교역자의 코멘트

　　지금까지 이야기식 본문을 중심으로 큐티를 했었기에 강화체인 로마서가 조금 어렵지는 않을까 걱정을 했었습니다. 그런데 성경적으로 해석도 건전하고 은혜로운 큐티입니다.

　　큐티를 할 때 육하원칙을 적용하는 것이 좋지만 오늘 본문처럼 등장인물이 나오지 않을 때는 육하원칙보다 집사님이 하신 것처럼 한 절씩 내용을 정리하는 것도 좋습니다. 구체적인 관찰 이후에 정리라는 부분을 두고 전체를 한 번 더 요약한 것도 내용 파악에 도움이 되는 것 같습니다.

용기는 기도하면 생기는 것이 아니라 두려움 앞에서도 한발 걸어갈 때 생깁니다. 사랑도 사랑할 수 없는 사람과 환경 속에서 사랑을 선택할 때 자라는 것입니다. 인내도 마찬가지인 것 같습니다. 인내란 오래 참음으로 생기는 거룩한 성품인 것 같습니다. 인내를 당장 원했던 조급한 저를 돌아보게 해주셨습니다.

존 파이퍼 목사님의 책 중에《장래의 은혜》라는 책이 있습니다. 장래의 소망과 그 은혜가 오늘을 견디게 하는 것입니다. 고난을 참으면 나중에 더 큰 축복이 있다는 말들을 흔히 합니다. 그러나 나중에 더 큰 축복이란 사실 어떤 물질적인 풍요나 보상이 아니라 우리가 예수님을 닮아가는 사람이 되는 것입니다. 결국 고난을 통해 고난을 이기는 성숙한 그리스도의 제자가 되는 것이지요. 많은 깨달음과 은혜가 있는 큐티입니다.

마지막에 구체적인 적용이 기록되지 않았는데 그것도 괜찮습니다. 구체적인 행동 계획이 있을 때 평가하고 또 실천하기는 쉽지만, 삶의 변화가 하나하나 체크리스트를 완수할 때 변하는 것은 아닌 것 같습니다. 오늘 큐티처럼 하나님의 사랑에 감격해서 기도하는 그 마음을 평생 가지고 살아간다면 고난을 이기는 성숙한 그리스도인으로 살아가실 수 있을 것입니다. 한 주 동안 너무 수고 많으셨습니다.

"소망이 우리를 부끄럽게 하지 아니함은 우리에게 주신 성령으로 말미암아 하나님의 사랑이 우리 마음에 부은 바 됨이니"(로마서 5:5). 아멘!

13 예수께서 들으시고 배를 타고 떠나사 따로 빈 들에 가시니 무리가 듣고 여러 고
　　을로부터 걸어서 따라간지라

14 예수께서 나오사 큰 무리를 보시고 불쌍히 여기사 그 중에 있는 병자를 고쳐 주
　　시니라

15 저녁이 되매 제자들이 나아와 이르되 이 곳은 빈 들이요 때도 이미 저물었으니
　　무리를 보내어 마을에 들어가 먹을 것을 사 먹게 하소서

16 예수께서 이르시되 갈 것 없다 너희가 먹을 것을 주라

17 제자들이 이르되 여기 우리에게 있는 것은 떡 다섯 개와 물고기 두 마리뿐이니
　　이다

18 이르시되 그것을 내게 가져오라 하시고

19 무리를 명하여 잔디 위에 앉히시고 떡 다섯 개와 물고기 두 마리를 가지사 하늘
　　을 우러러 축사하시고 떡을 떼어 제자들에게 주시매 제자들이 무리에게 주니

20 다 배불리 먹고 남은 조각을 열두 바구니에 차게 거두었으며

21 먹은 사람은 여자와 어린이 외에 오천 명이나 되었더라

☑ **내용관찰**

　　예수님께서 세례 요한의 죽음에 대해 들으시고 배를 타고 빈들로 가셨다가 나오실
때 큰 무리가 모인 것을 보시고 불쌍히 여기시고 병자들을 고치셨다. 저녁이 되자 제
자들이 "이곳은 외진 곳이고 벌써 어두워지고 있으니 모인 사람들을 보내어 그들이
마을에 가서 음식을 사 먹을 수 있도록 하세요"라고 말했다. 예수님은 그들을 보낼 필

요가 없고 제자들에게 먹을 것을 그들에게 주라고 대답하신다. 제자들이 빵 다섯 덩이와 물고기 두 마리뿐이라고 말하자 예수님께서는 그것들을 가져오라고 하시고 받아들고 하늘을 바라보시며 감사 기도를 드리신 후 빵 덩어리를 잘라 제자들에게 주셨고 제자들은 사람들에게 나눠 주었다. 그들은 모두 충분히 먹었고 남은 빵 덩어리가 열두 바구니였다. 여자와 아이들을 제외하고 거기서 먹은 남자들의 숫자가 대략 오천 명이었다.

☑ 연구와 묵상

1. 질문과 답의 형식으로

Q1 어떤 마음으로 예수님은 기적을 베푸셨는가?

A 예수님께서 오병이어의 기적을 베푸신 것은 마태복음 14장, 마가복음 6장, 누가복음 9장에 소개되어 있다. 예수님은 요한의 제자들로부터 세례 요한의 죽음에 대해 들으셨고(마태복음 14:12), 또는 먹을 시간도 없이 오고 가는 사람들이 많을 때라 잠깐 제자들과 따로 배를 타고 가서 쉬시려 했지만(마가복음 6:30~31), 무리는 벌써 예수님이 내리실 곳에 가서 기다리고 있었다. 예수님은 휴식이 필요한 상태였고, 식사를 제대로 못 하셨을지도 모른다. 세례 요한이 분봉 왕 헤롯에 의해 죽었다는 소식을 듣고 그의 십자가 사역을 떠올리셨을지도 모른다. 하지만 그런 상태에서도 예수님은 자기를 기다리고 있는 무리를 보고 불쌍히 여기는 마음(compassion)을 느끼셨다. 시편 145편 9절 이하 "그 지으신 모든 것에 긍휼을 베푸시는도다"(he has compassion on all he has made)와 시편 116편 5절 이하 "우리 하나님은 긍휼이 많으시도다"(our God is full of compassion)에도 compassion이 나오는데, 하나님의 특성을 나타내는 말로 등장한다.

compassion은 우리말로 '동정, 연민'인데 영영 풀이를 찾아보면 '다른 사람이 느끼는 고통에 대해 느끼는 깊은 인식 또는 고통으로 타인의 고통을 덜어주고자 하는 바람이 수반된다'고 나온다. compassion의 어원인 라틴어 compássĭo(고전: 콤파시오, 교회: 콤파시오)는 사전에 '(여성명사) 1. 공동의 고통(수난). 2. 동정, 연민'이라고 나와 있다. 같이 느끼는, 고통을 겪고 있는 당사자만큼 고통을 느끼는 것을 의미한다. 마음 깊은 연민과 불쌍히 여기는 마음에서 사람들을 섬기는 섬김과 기적이 베풀어진다. 의무가 아니라 사랑에서 시작된 것이다.

Q2 예수님은 어떤 고통을 같이 느끼셨을까?

A 예수님은 모여 있는 많은 사람을 보시고 그 목자 없는 양 같음으로 인하여(마가복음 6:34) 불쌍히 여기셨다. 어떤 고통을 같이 느끼셨을까? 아마 그들의 겪고 있는 병, 메시야를 갈구하는 마음, 현재를 살아가며 느끼는 온갖 종류의 심적 고통에 대해 모두 아셨고 느끼셨을 것이다.

우리가 예수님의 성품과 삶을 닮아가야 한다면 예수님이 우리 삶의 고통에 대해 동일하게 느끼셨던 마음을 우리도 느끼며 살아야 할 것이다. 다른 사람의 고통이 덜 고통스러워지도록 바라는 마음을 갖고 그들의 고통을 같이 느끼도록 해야 할 것이다.

2. 보편타당한 원리

1) 사람을 향한 섬김은 의무가 아니라 불쌍히 여기는 마음에서 시작된다.
2) 예수님은 고통을 해결하시는 해결자만이 아니라 우리의 고통을 깊이 이해하시는 분이다.

☑ 느낌

　요즘은 우리 반 아이들과 전보다 좀 더 잘 소통된다는 느낌이 든다. 전에는 내가 교사로서 그들에게 해야만 하는 이야기를 하려고 애썼다면 요즘은 그들이 듣고 싶어 하는 이야기를 해 주려고 한다. 그들의 마음을 내가 알고 있다는 것을 이해시키려고 한다. 속상해하고 있으면 "속상해하지 마"라고 말하기보다 "속상하지? 그래, 나도 알 것 같아. 나도 속상해"라는 식으로 말해 준다. 하지만 그렇게 공감하는 과정이 상당히 에너지를 많이 필요로 하는 것임을 최근에 깨닫게 되었다. 그렇게 공감하고 같이 느끼려면 집중해야 하고 그들이 무슨 생각과 마음을 가졌는지 파악해야 하며 나도 그렇게 느껴야 하기 때문이다. 입장을 바꿔놓고 생각해봐야 하므로 엄청난 에너지와 감정이 소요된다. 그래서인지 많이 지치고 집에 돌아와서 축 늘어지거나 집에 있는 자녀들에게는 더 쏟을 에너지와 공감 능력(?)이 바닥나 버려서 그들에게는 더 좋은 엄마가 되지 못할 때가 있다. 하지만 예수님께서 힘들고 지칠 때도 불쌍히 여기는 마음을 가지신 것처럼 나도 늘 긍휼함을 지닌 사람이 되고 싶다. 예수님의 나를 긍휼히 여기신다는 마음을 항상 가질 때 나도 예수님을 닮은 사람이 될 수 있을 것이다.

☑ 결단과 적용

1) 다른 사람을 섬기기 위해서 온라인으로 들을 수 있는 상담 연수를 신청해 좀 더 상담을 잘 할 수 있도록 지식과 방법을 배워야겠다.
2) 에너지와 공감하는 능력을 잘 배분하여 사용, 집에서 지치지 않도록 해야겠다.
3) 이번 주에는 영감을 줄 수 있는 책을 읽기 시작해야겠다(엄마의 말 공부, 내 아이를 위한 인문학 교육법).

큐티에서 강조하는 것 중의 하나가 하나님의 마음을 느끼는 것입니다. 관찰을 통한 질문에 좋은 묵상으로 답을 하셨습니다. 또한 다른 성경 구절을 관주로 찾아서 동일한 단어의 용례를 활용하신 것과 사전을 찾아 단어의 의미를 명확히 연구하시는 것은 너무 좋은 습관입니다.

무엇보다 예수님의 당시 심정을 동일하게 느끼고 적용하신 것이 좋습니다. 우리가 다른 사람의 고통과 아픔을 이해하는 지름길은, 먼저 예수님께서 나의 아픔과 연약함을 이해하신다는 은혜를 기억하는 것입니다. 집사님의 큐티를 통해서 예수님이 단순히 인간의 문제를 해결하러 오신 분이 아니라 우리의 고통을 함께 이해하고 아파하시는 분이시라는 사실이 너무 감격스럽습니다.

집사님의 고민을 저도 동일하게 느낄 때가 있습니다. 다른 사람을 섬기는 데 에너지를 다 쏟고 나면 정작 집에 돌아와서 가족을 섬길 힘이 없을 때가 있습니다. 그때마다 인간의 연약함을 절감하고, 하나님의 은혜를 간구할 수밖에 없다는 것을 깊이 느끼게 됩니다.

언제나 우리가 다시 회복하고 힘을 낼 수 있는 모든 능력은 우리를 용서하시고 우리의 아픔을 이해하시는 하나님의 사랑을 기억하는 것으로 생각합니다. 힘내십시오! 사람을 섬기고 돕는 일은 늘 자기희생이 따르는 것 같습니다. 그래서 힘들 때도 있고 지칠 때도 있습니다. 피곤한 심령 위에 하나님의 은혜가 부어지기를 함께 기도합니다. 한 주 동안 너무 수고 많으셨습니다.

제목 길 잃은 양떼를 모으시는 환희의 휘파람
본문 스가랴 10:6~12

---

6   내가 유다 족속을 견고하게 하며 요셉 족속을 구원할지라 내가 그들을 긍휼히
    여김으로 그들이 돌아오게 하리니 그들은 내가 내버린 일이 없었음 같이 되리라
    나는 그들의 하나님 여호와라 내가 그들에게 들으리라

7   에브라임이 용사 같아서 포도주를 마심 같이 마음이 즐거울 것이요 그들의 자
    손은 보고 기뻐하며 여호와로 말미암아 마음에 즐거워하리라

8   내가 그들을 향하여 휘파람을 불어 그들을 모을 것은 내가 그들을 구속하였음
    이라 그들이 전에 번성하던 것 같이 번성하리라

9   내가 그들을 여러 백성들 가운데 흩으려니와 그들이 먼 곳에서 나를 기억하고
    그들이 살아서 그들의 자녀들과 함께 돌아올지라

10 내가 그들을 애굽 땅에서 돌아오게 하며 그들을 앗수르에서부터 모으며 길르앗
    땅과 레바논으로 그들을 이끌어 가리니 그들이 거할 곳이 부족하리라

11 내가 그들이 고난의 바다를 지나갈 때에 바다 물결을 치리니 나일의 깊은 곳이
    다 마르겠고 앗수르의 교만이 낮아지겠고 애굽의 규가 없어지리라

12 내가 그들로 나 여호와를 의지하여 견고하게 하리니 그들이 내 이름으로 행하리
    라 나 여호와의 말이니라

✅ 내용관찰

  이스라엘 백성들의 불순종에 노여웠던 하나님께서 강력한 이방 족속들을 사용하
시어 흩으셨고 이번엔 끌려가 부르짖으며 기도하는 백성들의 소리를 들으시고 앗수르
와 애굽 등지로부터 흩어져 있던 요셉과 에브라임 족속까지도 사랑과 긍휼함 속에 그

들을 구원하신다. 유다 족속을 더욱 견고하게 하시고 갈 바를 알지 못하는 양 떼들을 불쌍히 여기시어 버려졌던 북이스라엘의 대표적인 요셉과 에브라임 지파를 휘파람이라는 부름의 상징으로 그들을 구원에 이르게 하신다. 심지어 6절의 말씀처럼 "내가 내버린 일이 없었음 같이 되리라 나는 그들의 하나님 여호와라 내가 그들에게 들으리라"라고 말씀하신 것처럼 그들 마음에 기쁨이 충만하기까지 회복시켜주신다. 또한 그들의 돌아오는 과정 중에서도 하나님의 이름으로 이 모든 것이 이뤄지고 있다는 것을 고난의 바다를 지나갈 때 앗수르와 애굽의 미래를 설명해주시기까지 확고하게 하나님의 임재하심을 보여주신다.

☑ 연구와 묵상

1. 질문과 답의 형식으로

Q1 하나님은 왜 흩어진 이스라엘 백성들에게 휘파람을 불어 그들을 모을 것이라고 표현하셨을까?

A 스가랴 10장 1~5절에서 여호와께 비를 구하라 하셨지만, 눈에 보이는 이익과 안일함으로 어리석은 이스라엘 백성들은 본문에서 나오듯이 드라빔이라는 헛된 우상을 찾게 되고 진실하지 않은 복술자들에게 유린당하는 그야말로 목자 없이 길 잃은 양으로 곤고한 상황에 부닥치게 된다. 그런 불쌍한 백성들을 하나님은 긍휼하게 생각하시어 그들을 자기의 양이라 생각하시며 휘파람을 불어 모으시며 구속하셨다고 말씀하신다.

Q2 하나님께서 유다 지파와 요셉 에브라임 지파를 귀환시키시며 반대 세력들로부터 구원시키시고 크게 번성하게 하신다는 문구에서 '앗수르에서부터 모으며 길

르앗 땅과 레바논으로 이끄신다'라는 뜻은 무엇을 나타내는가?

A 하나님은 자기 백성을 대적 앗수르로부터 불러 모으시고 귀환시키셨다. 애굽과 앗수르는 지리적으로 정반대이며 애굽은 이스라엘 남쪽, 앗수르는 이스라엘 북쪽의 대적 나라이다. 하나님이 자기 백성을 자신에게 돌아오게 하시고 역사적인 풍요의 중심지인 길르앗과 레바논으로 인도하실 때 이 두 역사적 대적은 하나님께 패배하게 될 것이다. 다시 말해서 주의 백성이 돌아오는 열방의 중심이 앗수르에서 길르앗과 레바논인 것이다.

또한 남쪽과 북쪽을 막론하고 모든 지역에서 흩어졌던 모든 백성이 돌아온다는 의미이다. 그리고 길르앗과 레바논은 기름진 땅으로 양을 먹이기에도 좋은 초장으로 유명하며 돌아올 이스라엘의 많은 수적으로도 끄떡없을 비옥한 지역이기도 하다. 이렇게 하나님께선 그 세대의 자녀들에 이르기까지 크게 번성케 하며 하나님의 백성으로서 견고하게 일으키신다는 것을 약속해 주시며 세세하게 준비해 주신다.

2. 보편타당한 원리

1) 하나님은 그 백성의 목자가 되셔서 자기 백성의 부르짖는 소리에 반드시 긍휼하심으로 응답하신다.

2) 하나님 백성의 범죄로 하나님은 노하셔서 징계하시지만, 그것은 그들을 회복시키기 위한 하나의 과정이다.

3) 하나님께서는 우매하고 어리석은 자신의 백성을 결국 더욱 번성하게 하시고 가장 좋은 것을 주시는 목자이시다.

하나님의 진노하심을 불러일으키는 이스라엘 백성들의 반복되는 죄악에 하나님께서는 자기 백성들임에도 불구하고 오히려 대적들을 모으셔서 자기 백성을 치신다. 그러나 그 과정 중에 얼마나 안타깝고 마음이 아프셨을지 상상해본다. 그리고 다시 살기 위해 하나님을 찾고 부르짖는 백성들을 보시고 또다시 기회를 주시고 다시 일으키시며 불러주신다. 그뿐만 아니라 하나님은 거기에 끝나지 않으시고 여호와 하나님의 이름으로 신나게 축복까지 해주신다. 그들의 행동과 결과물들을 봤을 때 결코 베풀 수 없는 것들을 말이다.

하나님은 누군가에게 잘 대해주면서 또 다른 것을 기대하는 인간의 거래 방식으로 우리를 대하지 않으시고 인간이 생각할 수 없는 긍휼과 사랑을 베풀어 주신다. 우리가 무엇을 잘하기 때문이 아니라 단지 하나님의 이름으로 우리가 하나님을 생각하고 그분만을 의지하는 것, 그 자체만으로도 이런 말할 수 없는 기적들을 베풀어 주신다.

큐티를 하면서 느낀 것은 이스라엘이 저지르는 과거의 모든 행위가 지금도 우리가 하나님께 범하고 있는 반복적인 죄라는 것이다. 그런데도 주님은 예수 그리스도를 보내주시고 지금 성령님을 통하여 더 가깝게 역사하고 계신다. 이 사실에 다시 한 번 하나님의 지극히 크시고 한없는 사랑에 무한 감사할 수밖에 없다. 앞으로 하나님의 말씀을 지속해서 묵상하며 이런 우리를 향한 하나님의 세세한 사랑을 더 가까이에서 더 자주 보고 느끼고 싶다. 또 어리석은 이스라엘 백성처럼 되지 않도록, 이 세대에 맞는 좀 더 성숙한 그리스도의 자녀와 제자로 살아가야겠다.

1) 말씀을 읽을 때 성경 속 사건이라 생각하지 않고 내 삶과 비추어 더욱더 흥미진진하게 읽어나갈 수 있도록 성경을 읽기 전에 그 마음을 간구하며 기도하기(일주일 동안 노력해보고 며칠 성공했는지 체크해보기)
2) 내 마음에서 불평이 생기거나 화가 날 때 2분 정도 나를 부르시는 하나님의 휘파람 소리를 들어보기

교역자의 코멘트

'길 잃은 양 떼를 모으시는 환희의 휘파람'이란 제목이 너무 멋집니다. 또 본문의 내용을 아주 잘 요약한 제목입니다. 오늘 본문의 '휘파람'을 어느 주석가는 "벌을 치는 사람이 휘파람을 불어 벌을 한곳에 모으는 것처럼 여호와께서 자기 옛 백성을 모으기 위해 신호를 보내는 것이다"라고 말했습니다. 휘파람으로 그 양 떼를 불러 모으시는 하나님의 모습은 참 신선하고 멋있습니다.

집사님 큐티를 읽으면서 저도 두 가지 은혜를 받았습니다.
첫째는 연약하고 죄 많은 우리를 하나님께서 포기하지 않으신다는 사랑이 느껴졌습니다. 집사님 표현대로 우리가 잘하면 잘해주고 못 하면 못 해주는 세상의 평가가 아닌 우리의 연약함에도 불구하고 사랑하시고 품어주시는 하나님의 사랑에 어디서도 느껴보지 못한 해방감과 자유를 느끼게 됩니다.
둘째는 하나님의 섭리에 대한 은혜입니다. 하나님이 앗수르라는 악한 민족을 통해 이스라엘을 벌하시지만, 그 벌은 이스라엘을 회복시키기 위한 도구였고 그 후에 그 악한 행위대로 또 앗수르는 심판에 이르게 되리라는 것입니다. 악을 도구로 사용하

시지만, 그 악을 선을 이루는 도구로 사용하시고 또 그 악은 그 행위대로 심판하시는 하나님의 섭리가 잘 드러난 큐티입니다. 세상에 악이 존재하지만, 여전히 하나님은 선하신 분이심을 신뢰하게 됩니다.

구약의 예언서를 큐티한다는 것은 쉽지 않습니다. 그러나 그 어려운 일을 아주 완벽하게 잘하셨습니다.

한 가지 조언을 한다면 적용에 있어서 체크리스트를 활용하는 것이 많은 도움을 주지만 또 율법적으로 우리를 만들어갈 위험도 있습니다. 체크리스트를 작성하는 것은 도움이 되지만 그 동기는 언제나 하나님의 은혜이어야 합니다. 하루 체크를 못하더라도 나는 여전히 하나님의 사랑받는 자녀입니다. 너무 귀한 큐티 감사합니다. 한 주 동안 너무 수고 많으셨습니다.

제목 보이지 않아도 도우시는 하나님
본문 시편 94:16~23

16 누가 나를 위하여 일어나서 행악자들을 치며 누가 나를 위하여 일어나서 악행
    하는 자들을 칠까

17 여호와께서 내게 도움이 되지 아니하셨더면 내 영혼이 벌써 침묵 속에 잠겼으리
    로다

18 여호와여 나의 발이 미끄러진다고 말할 때에 주의 인자하심이 나를 붙드셨사오
    며

19 내 속에 근심이 많을 때에 주의 위안이 내 영혼을 즐겁게 하시나이다

20 율례를 빙자하고 재난을 꾸미는 악한 재판장이 어찌 주와 어울리리이까

21 그들이 모여 의인의 영혼을 치려 하며 무죄한 자를 정죄하여 피를 흘리려 하나

22 여호와는 나의 요새이시요 나의 하나님은 내가 피할 반석이시라

23 그들의 죄악을 그들에게로 되돌리시며 그들의 악으로 말미암아 그들을 끊으시
    리니 여호와 우리 하나님이 그들을 끊으시리로다

✔ 내용관찰

  시인은 하나님께서 도와주시지 않으면 행악자들과 악행 하는 자들로 인해 벌써 침
묵(죽음) 속에 잠겼다고 고백하며 그의 발이 미끄러울 때 주의 인자하심이 붙들며 근
심이 많을 때 주의 위안이 그의 영혼을 즐겁게 한다고 말한다. 또한 하나님은 그의 요
새이며 피할 반석 되시고 율례를 빙자하고 재난을 꾸미는 악한 재판장은 하나님께서
그의 악으로 인해 그들을 끊으신다고 말한다.

✔ 연구와 묵상

1. 질문과 답의 형식으로

Q1 16절의 행악자와 악행 하는 자들은 누구를 의미하는가?

A 행악자와 악행 하는 자들은 같은 의미로 '악을 행하는 자들을' 말한다. 본문에
서는 5~7절 말씀에 "주의 백성을 짓밟으며 주의 소유를 곤고하게 하며 과부와
나그네를 죽이며 고아들을 살해하며 말하기를 여호와가 보지 못하며 야곱의 하
나님이 알아차리지 못하리라 하나이다"라고 그 대상에 대하여 말하고 있다. 그
중에는 재판장들도 있었는데 그들은 법을 구실로 하나님의 백성을 괴롭히고 선
한 사람들을 해할 음모를 꾸미며 그들을 죽이려고까지 했다(21절).
"그들이 모여 의인의 영혼을 치려 하며 무죄한 자를 정죄하여 피를 흘리려 하나"
(시편 94:21).

Q2 시인이 생명을 위협하는 어려움 속에서도 하나님을 의지하여 즐거워할 수 있었
던 이유는 무엇일까?

A 1) 하나님께서 도움이 되시며(17절), 주의 인자하심으로 붙드셨다(18절).
시인은 자신을 위협하는 행악자와 악행 하는 자들로 인해 자신이 침묵 속에 잠
겼을 수도 있고 나의 발이 미끄러질 수도 있었다고 고백한다. 여기에서 '침묵'은
죽음을 의미하며, '미끄러질 수도 있었다'라는 것은 하나님을 향하여 나아가는
올바른 길에서 이탈하는 것을 의미한다. 시편 73편 2절에서 아삽은 "나는 거의
넘어질 뻔하였고 나의 걸음이 미끄러질 뻔하였으니"라고 고백한다. 그 이유는 내
가 악인의 형통함을 보고 오만한 자를 질투하였기 때문이다(3절). 그러나 이럴
때마다 하나님께서는 우리에게 도움이 되시며 주의 인자하심으로 붙드셔서 악
한 길에서 벗어나게 하신다.

2) 근심이 많을 때 주의 위안이 내 영혼을 즐겁게 하신다(19절).

여기에서 근심의 이유는 위에서 언급한 바와 같이 '주의 백성을 짓밟으며 주의 소유를 곤고하게 하며 과부와 나그네를 죽이며 고아들을 살해하는 자들'이 있기 때문이다. 그런데도 그들은 잘 먹고 잘사는 것처럼 보인다. 이런 이유는 시인은 괴롭게 하였으며 그럴 때마다 하나님께서는 주님만이 주실 수 있는 온전한 평안으로 시인의 영혼을 위로하셨다.

3) 하나님은 나의 요새 피할 반석이시라(22절).

예전 성경에는 요새가 산성으로 번역되었는데 산성은 '산세를 따라 지은 성'을 말한다. 우리는 세상에서 악인들이 판을 치며 언제까지나 승승장구할 것처럼 살아가는 모습을 많이 목격하게 된다. 그들은 자산들의 이익을 위해서 가난하고 힘든 이웃들을 아무렇지도 않게 짓밟으며 살아간다. 그리고 그런 모습들은 우리에게 좌절과 희망을 잃게 한다. 그러나 하나님께서는 그럴 때마다 우리에게 피할 요새가 되시고 반석이 되어 주셔서 우리가 다시 한 번 힘을 내게 하신다.

4) 그들의 죄악을 그들에게 돌리시며 그들을 끊으신다(23절).

우리가 다시 한 번 힘을 낼 수 있는 이유는 바로 '하나님의 엄중한 심판'이 있기 때문이다. 하나님께서는 그들의 죄악을 결코 그냥 좌시하고 계시지 않는다. 그들의 죄를 그들에게 돌리시며 그들을 끊어내신다. 하나님은 공의의 하나님이시기 때문이다. 그렇기에 우리도 그 앞에서 마냥 자유로울 수는 없지만, 그것은 우리에게 이 세상을 좀 더 온전하게 하나님의 뜻대로 살아야 할 이유가 된다.

처음 이 글을 읽을 때는 사실 아무런 느낌도 받을 수가 없었다. '당연히 그렇지!' 하는 마음으로 읽었던 것 같다. 그러나 몇 번을 집중해서 읽어보니 이 말씀이 오늘을 사는 나에게 희망과 구원이 되는 말씀이시라는 것을 깨달았다. 시대는 변했지만, 여전히 악행을 일삼는 사람들은 존재하며 그들은 정말 잘사는 것처럼 보인다. 그래서 많은 사람이 좌절하며 어떤 일부의 사람들은 그들처럼 살려고 노력하기도 한다. 2016년 TI(국제 투명성 기구)에서 발표한 국가별 CPI(부패인식지수)에서 우리나라는 52위를 차지했다. 2015년 37위로 다소 오르는 듯하더니 다시 15계단이나 내려갔다. 어쩌면 '최순실 게이트' 사건이 반영되었을지도 모르지만, 이것이 우리의 현실이라 생각하니 씁쓸한 마음을 감출 수가 없다.

요즘 사역반을 하면서 마음의 움직임에 대해서 생각하게 된다. 예전에는 '생각쯤이야……' 하는 마음이 있었는데 요즘에는 그 생각들이 어떤 방향으로 흘러가는지 배우게 되니 생각도 조심해야겠다는 생각이 든다. 남들이 보지 않는다고, 벌을 받지 않는다고, 나쁜 생각들을 일삼게 되면 결국 그러한 상황이 왔을 때 나쁜 생각들이 결과를 맺게 될 것 같은 생각이 들었다. 하지만 이러한 생각들을 친구들과 나눌 때 나는 좀 조심스럽게 행동하게 된다. 얘기하다 보면 어느새 내 생각들은 너무 고지식하고 이상한 아이가 되어버리는 것이다. 세상 사람들은 올바르게만 살기를 원하지 않는다. 올바르게 살면서 잘살기 바란다. 잘살기 바라면서 남들보다 더 잘살기 바란다. 그리고 그러한 생각들은 어느새 나를 올바르지 못한, 남들에게 피해를 주면서도 인식하지 못하는 사람으로 만들어버린다.

오늘 하나님의 말씀을 보면서 이러한 상황 가운데서도 역사하시고 나를 지키시는 하나님을 보았다. 아무리 세상이 어지럽고 험해도 그리고 내가 손해 보는 것처럼 보여도 결국에는 나를 가장 좋은 곳으로 이끄시는 하나님! 그 하나님께 감사와 경배를 드린다.

☑ 결단과 적용

1) 하나님께 감사 기도를 하자.
2) 친구들과 만날 때 하나님께서 나에게 지혜를 달라고 기도하며 내 생각들을 당당
   하게 말하며 그들 앞에서 하나님을 선포하자.

교역자의 Comment

D형 큐티를 하다 보면 '영성 일기'와 구분이 잘 안 된다는 이야기를 들을 때가 있습니다. 왜냐하면 큐티는 말씀으로 시작해서 삶의 적용으로 끝이 나고 영성 일기는 삶으로 시작하지만, 끝은 하나님의 말씀과 은혜로 끝나기 때문입니다.

그래서 큐티와 영성 일기의 숙제가 비슷하다고 생각되는 시점이 바로 큐티를 제대로 하고 있는 시점입니다. 이천 년 전의 하나님의 말씀이 오늘 우리의 삶의 현실에서 역사하기 때문입니다. 오늘 집사님 숙제를 보면서 그런 느낌이 많이 들었습니다.

특히 시편을 큐티하는 것은 쉽지 않습니다. 처음엔 집사님 고백처럼 "당연히 ……그렇지" 하는 생각이 들기 쉽습니다. 그러나 구절구절을 잘 연구하셨고, 그 속에서 하나님의 마음을 깊이 느낀 것도 좋습니다. 그리고 말씀을 통해 개인적인 죄와 회개로 이어지는 과정도 하나의 예로 소개하고 싶을 만큼 좋은 큐티입니다.

하나님 말씀의 거울에 우리를 비춰보면 우리의 우상이 드러납니다. 그것을 회개하며 또 하나님이 가장 좋은 것으로 우리에게 주시는 분이심을 신뢰하는 소망으로 이어진 것도 회개와 믿음이 성화의 과정을 만드는 것임을 잘 보여 주셨습니다.

집사님의 고백처럼 세상에서 손해 보는 것처럼 보여도 좀 바보처럼 보여도 하나님이 선하심을 붙들고 나아가면 좋겠습니다. 저도 은혜를 많이 받았습니다. 흔들리는 세상의 한가운데서도 믿음을 지키며 살아가고 싶습니다. 한 주 동안 너무 수고 많으셨습니다.

삶의 변화를 돕는

귀납적
큐티